Nehmt euch Zeit ...

STORIES ON A PLATE

Besondere Momente gemeinsam genießen

Florentina Klampferer

Mit Tipps für Mitbringsel aus der Küche & Dekoideen

STORIES ON A PLATE

Besondere Momente gemeinsam genießen

pichler verlag

Was ihr noch wissen solltet

EL = Esslöffel
Germ = Hefe
Karree = Rückenstück vom Schwein
Kren = Meerrettich
Marillen = Aprikosen
Pkg. = Packung
Schlagobers = Schlagsahne
Staubzucker = Puderzucker
TK = Tiefkühlware
TL = Teelöffel
Zesten = ganz feine Streifen der Schale einer Zitrusfrucht

VANILLE findet ihr in zahlreichen meiner Rezepte. Sie verleiht so mancher Speise das gewisse Etwas und ist aromatisch unverkennbar. Ich verwende Vanille in verschiedenen Formen. In gemahlener Form oder aus der Mühle, die im gut sortierten Supermarkt erhältlich ist. Frische Vanilleschoten, sprich die Schote sowie das Mark, kommen auch oft zum Einsatz.

ZITRUSFRÜCHTE, deren Schale verwendet wird, sollten natürlich aus Bioanbau kommen.

Die angegebenen BACKZEITEN beziehen sich immer auf die Einstellung „Ober- und Unterhitze“. Verwendet ihr „Umluft“, dann Temperatur um ca. 20° C reduzieren.

ZUBEREITUNGSZEIT
KÜHLZEIT
RUHEZEIT
KOCH-/BACKZEIT

INHALT

STORIES ON A PLATE

STORIES ON A PLATE ~ DER BLOG

Zum achtzehnten Geburtstag bekam ich von meinen Eltern eine Nikon-Spiegelreflexkamera geschenkt und wusste zu Beginn kaum, was ich damit anfangen sollte. Während meiner zahlreichen Auslandsaufenthalte wurde die Fotografie für mich von Reise zu Reise spannender. Ich fotografierte hauptsächlich Menschen und Details aus meiner Umgebung. Zurück in der Heimat, verstaubte die Kamera bis zur nächsten Reise. Während des Studiums an der Universität Wien – und der Suche nach Antworten auf Fragen zu meinem künftigen Berufsleben – entschloss ich mich, eine Fotografieausbildung zu absolvieren. Anfangs verliebte ich mich in die Stilllebenfotografie. Schnell kam ich auf die Idee, all meine Leidenschaften – Kochen, Fotografie und Essen – zu verbinden. Ich überlegte, einen eigenen Food Blog ins Leben zu rufen. Nach einem halben Jahr intensiver Arbeit war es dann so weit: „Stories on a Plate" ging online. Ein kleines Experiment, ein Hobby, das sich mit der Zeit zu meiner Berufung entwickeln sollte.

Wie kam es zum Namen „Stories on a Plate"? Mir war wichtig, das Essen nicht nur zu fotografieren, sondern auch darüber zu berichten. Es erzählt ja unzählige Geschichten, ob historischer oder persönlicher Natur. Essen ist spannend und aufregend – in seiner Herkunft, aber auch in seinem Geschmack.

Essen war und ist in unserer Familie und in meinem Freundeskreis ein besonderes Ritual. Entweder wird gekocht oder es werden neue Restaurants erobert. Anstatt mein Geld für Klamotten, Schminke & Co auszugeben, investiere ich in schöne, geschmackvolle Abende mit meinen Liebsten. Es gibt für mich nichts Aufregenderes und Spannenderes als das Ausprobieren von Essen. Die Geschmacksrichtungen sind grenzenlos.

STORIES ON A PLATE ~ DAS KOCHBUCH

Immer schon gab es in meiner Familie – übers ganze Jahr verteilt – Traditionen und Feste, besondere Momente und Rituale, die bis heute nicht in Vergessenheit geraten sind. In den Wintermonaten kuschelige Abende zu Hause mit Leckereien von meiner Mama, Weihnachten mit der ganzen Familie, gekrönt von einem himmlischen Menü. Feste und Picknicke im Freien, oft bis spät in die Abendstunden, begleitet von lustigen Gesprächen und romantischem Kerzenlicht. Wanderungen über die schönen Berge meiner Heimat mit erfrischenden und gschmackigen Snacks für zwischendurch. Nachmittage und Abende mit einer Tasse Tee und kleinen, aber feinen Häppchen. Ein ausgiebiges Frühstück im Bett, an Tagen, an denen man sich maximal bis in die Küche und wieder zurück bewegt. Unzählige schöne Momente in meinem Leben, die ich nicht missen möchte.

Dieses Buch gibt einen kleinen kulinarischen Überblick über Feines für besondere Momente, traditionelle Gerichte und neue, kreative Rezeptideen, wie ein Menü für schöne Anlässe gestaltet werden kann.

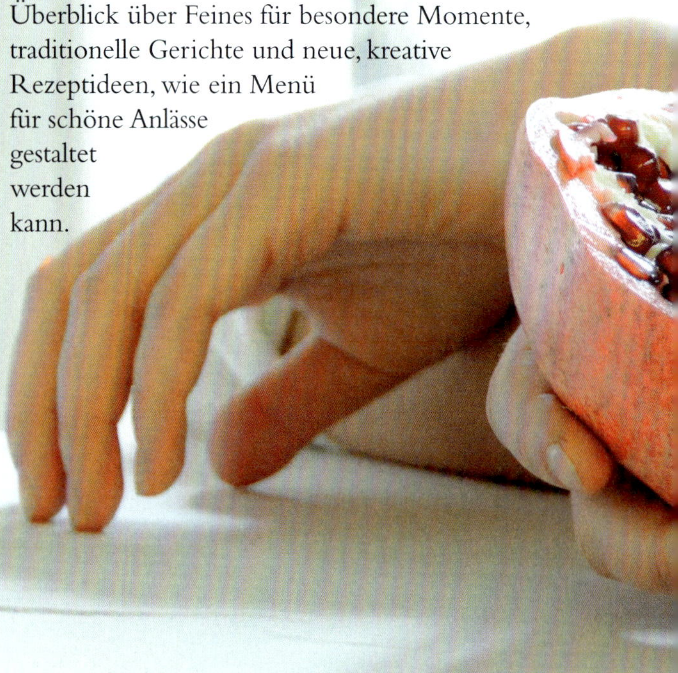

Letzten Endes liegt es jedoch in eurer Hand. Kocht, wie es euch schmeckt, folgt auch eurer Kreativität und habt vor allem Spaß daran! Nehmt euch die Zeit und esst miteinander – denn viele wichtige und schöne Momente in unserem Leben passieren an einem Tisch!

Eure

Florentina

Das Leben ist eine kulinarische Reise – voller Gerüche und Geschmäcker!

FRÜHSTÜCK IM BETT

Die Woche ist oft hektisch und es bleibt wenig Zeit zum Frühstücken. Dafür freue ich mich umso mehr auf ein ausgewogenes und buntes Frühstück an Wochenenden. Im Bett, im Garten oder wo es uns gerade gefällt. Mit jeder Menge Leckereien frühstücken mein Freund und ich über Stunden und genießen die Zeit miteinander. Denn Essen verbindet und bringt uns Menschen zusammen.

Good morning, sunshine!
Extrakick!
Gebackene Grapefruit
Seite 155

Selbst gemachtes Müsli mit Joghurt und frischen Früchten

ZUTATEN

FÜR DAS MÜSLI (ca. 450 g)
80 g Walnüsse
120 g Mandelsplitter
100 g Mandeln
60 g Sonnenblumenkerne
60 g Kokosflocken
½ TL Vanille, gemahlen
¼ Bio-Orange ← Zesten
2–3 gehäufte EL Honig
2–3 EL Kokosöl

EXTRAS
bunt gemischte Früchte
Joghurt
frische Zitronenmelisse

Oft muss es in der Früh schnell gehen. Wo ich doch definitiv zu den Menschen gehöre, die lieber 10 Minuten länger schlafen … Da hilft: Müsli. Und zwar selbst gemacht! Einfach vorzubereiten, hält es sich lange an einem trockenen Ort, schmeckt umwerfend gut und gibt jede Menge Power – zumindest bis Mittag. Für mich ist es aber auch ein herrlicher Snack für zwischendurch.

ZUBEREITUNGSZEIT

10 Min. 20 Min.

ZUBEREITUNG

1 | Backofen auf 140° C vorheizen. Alle Zutaten bis auf den Honig und das Kokosöl in einem Zerkleinerer grob hacken.

2 | In einer beschichteten Pfanne Kokosöl und Honig schmelzen und die zerkleinerten Zutaten darin anrösten. Immer wieder umrühren, bis die Flüssigkeit vollständig reduziert ist.

3 | Die Masse auf einem mit Backpapier ausgelegten Backblech gleichmäßig verteilen. Ca. 20 Minuten im Backofen backen. Zwischendurch mithilfe eines Pfannenwenders wenden. Auskühlen lassen und in Behälter abfüllen.

4 | Das selbst gemachte Müsli nach Belieben mit Joghurt und frischen Früchten servieren.

Tipp

Wer keinen Zerkleinerer zu Hause hat, kann die Zutaten mit einem scharfen Messer in grobe Stücke hacken.

Jede Menge Power
für den Tag

Herzhaftes Bananen-Soufflé

ZUTATEN
FÜR 2 PERSONEN

1 große Banane
2 Eier
Prise Salz
Prise Pfeffer
Prise Chili
1 EL frischer Zitronensaft
3 EL Schlagobers oder Kokosmilch
2 TL Butter oder Kokosöl

2 kleine ofenfeste Formen, z. B. Soufflé- oder Dariolformen

Manchmal muss man einfach etwas ausprobieren ... Traumhaft, das Ergebnis!

Ein absolutes Experiment. Ich hatte die Idee ständig im Kopf – eine Kombination aus Eiern und Bananen. Ob das wohl schmeckt? Und dann hab ich's einfach versucht. Und wie das schmeckt! Probiert es aus.

ZUBEREITUNGSZEIT
5 Min. 20–25 Min.

ZUBEREITUNG

1 | Backofen auf 180° C vorheizen. Alle Zutaten, bis auf die Butter, in einem Gefäß pürieren, bis sich alle Zutaten gleichmäßig vermengt haben.

2 | Die Formen mit Butter ausstreichen und die Masse hineinfüllen.

3 | Für ca. 20–25 Minuten auf mittlerer Schiene goldbraun backen.

Guacamolebrot mit pochiertem Ei

ZUTATEN
FÜR 2 PERSONEN

2 frische Eier — plus etwas Olivenöl
etwas Olivenöl zum Bepinseln
2 Scheiben Schwarzbrot
4 reife Kirschtomaten — halbiert
Prise Salz, Pfeffer
frische Kresse

GUACAMOLE
1 reife Avocado
guter Schuss Olivenöl
Prise Salz
Prise Pfeffer
Prise Chili
½ Zitrone — Saft

Eier pochieren … hmhm. Ich kann dazu nur eines sagen: Kauft jede Menge Eier! Am Anfang zumindest. Seid ihr sehr hungrig? Dann macht lieber eine Eierspeise! Denn es kann sich hier nur um Stunden handeln (haha). Oder – ihr steigt mit der im Rezept beschriebenen Methode ein. Dann gelingt das Pochieren bestimmt gleich.

ZUBEREITUNGSZEIT
15 Min.

ZUBEREITUNG
1 | Reichlich Wasser in einem größeren Topf zum Kochen bringen. Über einer größeren Tasse ein Stück Frischhaltefolie ausbreiten und eine Mulde machen. Mit etwas Olivenöl bepinseln und das Ei vorsichtig hineinschlagen (siehe auch Tipp). Zusammendrehen und mit einer Schnur zubinden, sodass das Ei vollständig mit Frischhaltefolie umhüllt ist und beim Kochen nichts austreten kann. Eier ca. 5 Minuten im kochenden Wasser pochieren.

2 | Für die Guacamole Avocado halbieren, den Kern entfernen und das Fruchtfleisch mit einem Esslöffel aus der Schale heben. In kleine Stücke schneiden und mit den restlichen Zutaten mithilfe einer Gabel gleichmäßig zerdrücken.

3 | Brot toasten, mit Olivenöl beträufeln und mit der Avocadocreme bestreichen. Das fertig pochierte Ei in die Mitte setzen, mit den Tomatenhälften garnieren und mit Salz und Pfeffer sowie frischer Kresse verfeinern.

Tipp
Wer will, kann das Ei schon vor dem Pochieren würzen und je nach Belieben frische Kräuter beimengen.

Lachscreme auf Ciabatta

ZUTATEN

LACHSCREME (ca. 200 g)
100 ml Schlagobers
½ EL frischer Zitronensaft
1–2 EL frischer Kren
100 g geräucherter Wildlachs
kalt

CIABATTA-BROT
frischer Schnittlauch
getrocknete Heidelbeeren

Einige essbare Blüten wie Gänseblümchen, Lavendel oder Kapuzinerkresse aufs Brot streuen, das macht gute Laune.

Lachsbrötchen in ihrer „ursprünglichen“ Form kennen wir alle. Diese Variante – knuspriges Brot mit Lachscreme – ist einmal etwas anderes und schmeckt unglaublich gut. Die Zubereitung ist einfach und die Creme kann schon am Vorabend vorbereitet werden. Und als Feintuning: Schnittlauch und ein paar getrocknete Heidelbeeren obendrauf!

ZUBEREITUNGSZEIT
10 Min.

ZUBEREITUNG
1 | Schlagobers, Zitronensaft und Kren in ein höheres, schmales Gefäß geben. Lachs in kleine Stücke schneiden und beimengen. Alle Zutaten so lange pürieren, bis eine Paste entsteht.

2 | Auf knuspriges Ciabatta-Brot streichen und mit Schnittlauch und getrockneten Heidelbeeren dekorieren.

Geröstete Hirse mit Zuckermelone und Kirschen

Dazu passt

Erfrischender Wassermelonensaft

Geröstete Hirse

ZUTATEN

FÜR 2 PERSONEN

120 g Hirse
1–2 Handvoll Kirschen
½ Zuckermelone
3 EL Honig
80 ml Schlagobers

ZUBEREITUNGSZEIT

15 Min.

ZUBEREITUNG

1 | Hirse laut Packungsangabe kochen.

2 | In der Zwischenzeit Kirschen waschen, halbieren und entkernen. Aus der Zuckermelone Kugeln ausstechen oder das Fruchtfleisch würfeln.

3 | Honig in einer Pfanne vorsichtig erhitzen und die fertige Hirse darin anrösten. Eventuell mit Zimt und Vanille verfeinern.

4 | In eine Schüssel geben, mit Früchten dekorieren und mit flüssigem oder geschlagenem Obers (oder Joghurt) verfeinern.

Wassermelonensaft

ZUTATEN

FÜR 4 GLÄSER

700 g geschälte Wassermelone
1 Birne
1 Limette (Saft)
Minze- oder Zitronenmelissenblätter

Smoothie

Anstatt die Früchte zu entsaften, kann man sie auch in einem Standmixer pürieren, das ergibt einen leckeren Smoothie!

Auf meinen zahlreichen Reisen nach Dubai, wo ich meine Verwandten besuchte, musste ich erst einmal tief Luft holen, um mich auf das feuchtheiße Klima einzustellen. Eine absolute Erfrischung war tagein, tagaus, von früh bis spät jede Menge frischer Wassermelonensaft. Dazu braucht ihr allerdings eine schön reife Wassermelone – und ihr werdet dieses Getränk lieben.

ZUBEREITUNGSZEIT

5 Min.

ZUBEREITUNG

1 | Wassermelonenfruchtfleisch in grobe Stücke schneiden und in einem Entsafter entsaften. Birne waschen, vierteln und ebenfalls entsaften. Den frisch gepressten Limettensaft hinzugeben und alles gut verrühren. In Gläser füllen und mit einem Hauch von Grün verzieren.

Tipp

Sollte etwas von dem köstlichem Saft übrig bleiben, kalt stellen und abends einen erfrischenden Cocktail daraus machen: pro Glas mit 2 bis 4 cl Wodka verfeinern.

Geröstete Hirse

Wassermelonensaft

Orangenwaffeln mit Heidelbeersauce

ZUTATEN
FÜR 2 PERSONEN/6 STÜCK

TEIG
125 g Butter ← Zimmertemperatur
60 g brauner Zucker
Prise Salz
Prise Zimt
½ TL Vanille, gemahlen
½ Bio-Orange ← Schale
4 Eier
250 ml Buttermilch
250 g Universalmehl
1 TL Backpulver

HEIDELBEERSAUCE
1 kleine Orange ← Saft
1 TL Honig
ca. ½ Vanilleschote
125 g Heidelbeeren

← Schmecken auch köstlich mit Zimt-Zucker, Sirup oder Schlagobers.

Was mich am Morgen motiviert aufzustehen? Der Gedanke an etwas Süßes. Und nicht irgendetwas. Am liebsten habe ich Waffeln, die ich mir je nach Lust und Laune mit den unterschiedlichsten Saucen versüße. Ein Muss für alle Waffel-Fans!

ZUBEREITUNGSZEIT
15 Min. Waffeleisen für 2 Stück: 15 Min.

ZUBEREITUNG
1 | Gewürfelte Butter, Zucker, Salz, Zimt, Vanille und Orangenabrieb schaumig rühren. Eier nach und nach beimengen. Buttermilch hinzugeben und weiterrühren. Mehl mit Backpulver vermischt löffelweise dazugeben, bis ein glatter Teig entsteht. Im vorgeheizten Waffeleisen ca. 5 Minuten backen.

2 | In der Zwischenzeit werden für die Sauce frischer Orangensaft, Honig sowie das ausgekratzte Vanillemark und die Vanilleschote selbst kurz aufgekocht. Heidelbeeren beimengen und für ca. 2 Minuten weiterköcheln. Immer wieder umrühren.

3 | Je drei Waffeln übereinanderstapeln und mit dem Kompott übergießen.

Tipp
Die Waffeln können auch als Dessert mit Vanilleeis, in Scheiben geschnittenen Bananen (oder anderen Früchten) und warmer Schokoladensauce serviert werden.

GEMÜTLICHE NACHMITTAGE

Als ich noch ein keines Mädchen war, nippte ich immer wieder heimlich an der Teetasse meiner Mama. Ein geschmackvoller Schwarztee, verfeinert mit flüssigem Obers und Zucker. Schon damals ein wahres Geschmackserlebnis. Teetrinken hat für mich heute eine besondere Bedeutung, es ist ein Ritual zwischen meiner Mama und mir.
Jedes Mal, wenn ich nach längerer Zeit wieder nach Hause komme, machen wir es uns bei einer guten Tasse Tee und ein paar Leckereien gemütlich und plaudern bis in die späten Abendstunden.

You're welcome!

It's teatime!
Mitbringsel
Orangen-
marmelade
Seite 155

Gurkencanapés

Very british!

ZUTATEN
FÜR 10 STÜCK

10 Scheiben Toastbrot
1 Handvoll gemischte Kräuter (Rosmarin, Thymian, Minze, Pfefferminze)
150 g Ziegenfrischkäse
1 TL Zitronensaft
2 EL Schlagobers
ca. ½ bis 1 Feldgurke (= 50 Gurkenscheiben)
Salz

Gurken hauchdünn schneiden

Als ich für einige Monate in Südafrika war und mich meine Mama besuchte, machten wir uns einen gemütlichen Nachmittag beim Afternoon Tea im Hotel Mount Nelson, am Fuße des Tafelbergs. Dort entdeckte ich diesen knackig-frischen Snack, der an warmen Sommertagen am besten schmeckt. Das französische Wort Canapé bedeutet eigentlich Sofa. Bei den „essbaren" handelt es sich jedoch um hübsch belegte bzw. bestrichene Häppchen, die mit einem oder zwei Bissen verzehrt werden.

ZUBEREITUNGSZEIT
10 Min.

ZUBEREITUNG

1 | Toastbrot rund ausstechen, sodass die Rinde wegfällt.

2 | Für den Aufstrich frische Kräuter hacken und gemeinsam mit dem Ziegenkäse, Zitronensaft und dem Schlagobers cremig rühren.

3 | Gurken in hauchdünne Scheiben raspeln.

4 | Canapés gleichmäßig bis zum Rand mit der Kräutercreme bestreichen und mit je 5 Gurkenscheiben belegen. Leicht salzen.

Tipp

Brotränder tiefkühlen und für Semmelknödel aufbewahren oder trocknen lassen und zu Semmelbröseln verarbeiten.

Bunte Brötchen-Variationen

Ein absoluter Klassiker für Cocktailpartys, aber auch für einen Afternoon Tea mit Freundinnen. Der Fantasie könnt ihr beim Belegen der Brötchen natürlich freien Lauf lassen.

ZUTATEN

FÜR 16 BRÖTCHEN

1 Baguette = 16 Scheiben (4 Stück pro Sorte), getoastet

ROQUEFORT-BIRNEN-BRÖTCHEN

50 g Roquefort (Blauschimmelkäse aus Schafmilch)
¼ Birne
1 TL Honig

LACHSBRÖTCHEN

4 TL Doppelrahmfrischkäse (z.B. Philadelphia Cream Cheese)
4 Scheiben Lachs
4 hauchdünne Scheiben Zitrone
4 Blätter Minze, etwas Schnittlauch

CAMEMBERT-BRÖTCHEN MIT ORANGENMARMELADE

4 Scheiben Ziegencamembert
4 kleine TL Orangenmarmelade
Prise Pfeffer
Schuss Olivenöl
Thymianzweig

Siehe Mitbringsel Seite 155.

SPECKBRÖTCHEN MIT FRISCHEM KREN

4 TL Doppelrahmfrischkäse (z.B. Philadelphia Cream Cheese)
4 Scheiben Bauchspeck
1 hart gekochtes Ei
4 TL frische Kresse
1–2 TL frischer Kren

ZUBEREITUNGSZEIT

15 Min.

ZUBEREITUNG

1 | ROQUEFORT-BIRNEN-BRÖTCHEN
Brötchen mit Käse und Birnenspalten belegen und mit Honig beträufeln.

2 | LACHSBRÖTCHEN
Brötchen mit Cream Cheese bestreichen, mit Lachs belegen und mit Zitrone, Minze und Schnittlauch dekorieren.

3 | CAMEMBERT-BRÖTCHEN MIT ORANGENMARMELADE
Brötchen mit Camembert belegen und mit den restlichen Zutaten verfeinern.

4 | SPECKBRÖTCHEN MIT FRISCHEM KREN
Brötchen mit Cream Cheese bestreichen, mit Speck belegen sowie mit je einem Eiviertel, Kresse und Kren garnieren.

Fantasie auch fürs Auge!
Erlaubt ist, was gefällt und schmeckt!

Mini-Zuckererbsen-Quiche

Herzig & herzhaft würzig

ZUTATEN
FÜR 16 STÜCK / 4 PERSONEN

16 ungezuckerte Mürbteigböden, Ø ca. 6 cm (selbst gemacht oder Fertigprodukt) Siehe Rezept S. 127 (ohne Salbeiblätter)
1 Zwiebel
1 Frühlingszwiebel
1 Zweig Rosmarin, abgerebelt
50 g Zuckererbsen frisch oder tiefgekühlt
2 Eier
2 gehäufte EL Sauerrahm
Prise Salz und Cayennepfeffer
Prise Ysop-Gewürz
Schuss Schlagobers
30 g Käse, gerieben

Die Quiche gehört zu den Spezialitäten der französischen Küche. Es gibt sie in allen möglichen Variationen. Klassisch wird der Mürbteig jedoch mit Speck, Eiern, Käse und Milch gefüllt. Hier gibt es jedoch eine etwas andere Version des aus Lothringen stammenden herzhaften Kuchens.

ZUBEREITUNGSZEIT
10 Min. 20 Min.

ZUBEREITUNG
1 | Backofen auf 160° C vorheizen. Zwiebel fein schneiden. Frühlingszwiebel putzen und in feine Ringe schneiden. Rosmarin hacken. Mit den restlichen Zutaten mithilfe eines Schneebesens vermengen und auf die Mürbteigböden geben.

2 | Ca. 20 Minuten im vorgeheizten Backofen backen.

Tipp
Die Mini-Quiches können auch kalt verzehrt werden.

Variiert den Belag der Mini-Quiches nach Lust und Geschmack, z. B. mit Spinat, Pilzen oder Kirschtomaten.

Scones

Hibiskuseistee

Scones mit Preiselbeerschlagobers

Dazu passt

Hibiskuseistee

Scones

ZUTATEN

FÜR 30 STÜCK

Ausstecher 5 cm Ø Ring oder Glas

SCONES

450 g Universalmehl, gesiebt ← + etwas mehr für die Arbeitsfläche
1 EL Backpulver, gesiebt
3 EL feiner Kristallzucker
Prise Salz
100 g Butter, weich
½ Vanilleschote ← Mark
250 ml Milch, Zimmertemperatur

1 kleines Ei
1 EL brauner Zucker

PREISELBEERSCHLAGOBERS

250 ml Schlagobers
4 EL Preiselbeeren (Kompott, abgetropft, selbst gemacht oder aus dem Glas)

Teatime ohne Scones? Das geht wohl kaum. Sie zählen zu den heiß geliebten Klassikern der englischen Teestunde. Gefüllt werden sie üblicherweise mit Clotted Cream und Erdbeermarmelade. Bei uns hier gibt es sie einmal anders – mit einer Mischung aus Schlagobers und Preiselbeeren. In Kärnten heißt diese auch „Grantnschleck". Gefüllt wird damit ansonsten Verschiedenstes: Palatschinken, Stanitzel, Torten u. v. m. Ein feinherb-fruchtiges Genusserlebnis.

ZUBEREITUNGSZEIT

20 Min. 15 Min.

ZUBEREITUNG

1 | Backofen auf 180° C vorheizen. Mehl, Backpulver, Kristallzucker und Salz vermischen. Butter in Würfel schneiden und unterkneten. Vanillemark auskratzen und beimengen. Milch hinzugeben und alles verkneten. Teig auf einer mit Mehl bestäubten Arbeitsfläche ca. 1 cm dick ausrollen und mit einer runden Form ausstechen.

2 | Auf ein mit Backpapier belegtes Blech legen, mit Ei bestreichen und Zucker bestreuen. Auf mittlerer Schiene ca. 15 Minuten backen, bis die Scones goldbraun sind.

3 | In der Zwischenzeit Schlagobers nur cremig schlagen und Preiselbeeren untermischen. Ausgekühlte Scones durchschneiden und mit dem Preiselbeerschlagobers füllen.

Hibiskuseistee

ZUTATEN

FÜR 4 GLÄSER

1 l Wasser
3 EL Hibiskustee
Saft von 1 Orange + 1 Zitrone
Schale von ½ Orange + ½ Zitrone
4 EL Honig
2 cm frischer Ingwer

ZUBEREITUNGSZEIT

10 Min. 1–2 Stunden

ZUBEREITUNG

Den Tee (in Beutel füllen) mit kochendem Wasser aufgießen und die restlichen Zutaten beimengen. 5–10 Minuten ziehen lassen. Teebeutel, Zitrusschalenstücke und Ingwer entfernen. Kühl stellen und mit Eis genießen.

Matcha-Macarons mit Zitronengrascreme

Dazu passt ein

Matcha Latte

Matcha-Macarons

ZUTATEN

FÜR 40 MACARONS (80 Hälften)

MACARONS

3 Eiklar
35 g feiner Kristallzucker
Prise Salz
110 g Mandelmehl oder geriebene Mandeln
200 g Staubzucker, gesiebt
1 EL Matcha-Pulver

FÜLLUNG

3 Eier
120 g feiner Kristallzucker
2 Limetten ← Saft
2 Stiele Zitronengras
1 Vanilleschote ← Mark
2 Zitronen (Saft, ca. 120 ml)
2 Blatt Gelatine
180 g Butter

Matcha Latte

ZUTATEN

FÜR 2 GLÄSER

5 Min.

1 TL Matcha-Pulver
100 ml heißes Wasser
400 ml Milch ← oder Mandelmilch
Honig nach Geschmack

ZUBEREITUNG

Matcha-Pulver mit heißem Wasser verrühren und mit geschäumter warmer Milch und Honig verfeinern.

Zum Thema Macarons, meine Küche und mich könnte ich wohl ein ganzes Buch schreiben. Nach gefühlten 2 Tagen, 30 Eiklar und einer Dose Matcha habe ich es halbwegs geschafft, Macarons selbst herzustellen. Sie sind zwar nicht perfekt, schmecken aber unfassbar gut! Wusstet ihr, dass das Grünteepulver wahre Superkräfte verleiht?

ZUBEREITUNGSZEIT

15 Min. 30 Min. 13 Min. 1 Stunde

ZUBEREITUNG

1 | Eiklar ca. 2 Minuten mit dem Handrührgerät oder der Küchenmaschine schaumig rühren. Kristallzucker und Salz beimengen und weiterschlagen, bis die Masse steif ist. Gegebenenfalls geriebene Mandeln zu Mehl zerkleinern (Zerkleinerer) und mit dem gesiebten Staubzucker und dem Matcha-Pulver vermischen. Ein Viertel der Schneemasse unter die Mandel-Staubzucker-Masse rühren. Den Rest vorsichtig unterheben. Backrohr auf 150° C Umluft vorheizen.
Masse auf Macarons-Backmatten oder auf Backpapier aufspritzen (ca. 2–3 cm Ø). Danach ca. 30 Minuten rasten lassen. Anschließend ca. 13 Minuten auf mittlerer Schiene backen.

2 | Inzwischen Gelatine in etwas Wasser einweichen, Butter in Stücke schneiden. Eier und Zucker in einem Kochtopf verrühren und mit Limettensaft vermengen. Zitronengras fein hacken und mit dem ausgekratzten Vanillemark und der Schote beimengen. Die Masse erhitzen, dabei ständig rühren und kurz aufkochen lassen. (Bis diese etwas dicker wird.)
Den Topf vom Herd nehmen und die eingeweichte Gelatine unterrühren. Die Butterstücke in ein höheres Gefäß geben und die Masse darüber durch ein Sieb streichen. Mit dem Stabmixer glatt rühren. Ca. 1 Stunde kalt stellen.

3 | Mit einem Spritzsack die Masse auf die halbe Menge der Macarons dressieren, die zweiten Hälften aufsetzen. Bis zum Servieren kühl stellen.

Matcha Latte
Matcha-Macarons

EIN ABEND ZU ZWEIT

Als ich meine erste Wohnung in Wien hatte und mein Freund noch in Kärnten lebte, gab es nach einigen Wochen nichts Schöneres als ein Wiedersehen. Ich plante schon Tage zuvor, was ich kochen würde. Bei meinen 3-Gang-Menüs stellte ich mich immer wieder selbst auf die Probe und fing an, in der Küche zu experimentieren. Dazu ging ich auf den Markt, um frisches Obst und Gemüse und andere feine Sachen zu kaufen, besorgte ein, zwei gute Flaschen Wein, deckte den Tisch, zündete Kerzen an und kochte bei guter Musik. Einem schönen Abend stand nichts mehr im Wege!

Aperitif
Bellini mit Pfirsichmark
Seite 155

Romantisches Dinner

Würzige Mango mit Jakobsmuschel

ZUTATEN

FÜR 2 PERSONEN

1 grüne, feste Mango
½ kleine Zitrone
¼ Stange Lauch
¼–½ TL Koriander
Prise Chili
Prise Salz
Prise Pfeffer
Schuss Olivenöl
½ Limette

Saft

Schuss Olivenöl
2–4 Jakobsmuscheln
Prise Salz

Unbedingt feste, noch unreife Mangos für diesen Salat verwenden. So schmeckt er schön herb und pikant, aber trotzdem frisch und leicht süßlich.

Eine Hammervorspeise. Für alle, die in der Küche gerne innovativ sind: Hier könnt ihr eure Liebsten mit einer außergewöhnlichen Geschmackskombination überraschen. Frische, knackige Mangos mit gebratenen Jakobsmuscheln.

ZUBEREITUNGSZEIT

15 Min.

ZUBEREITUNG

1 | Mango mit einem Sparschäler von der Schale befreien und in feine Streifen raspeln. Mit Zitronensaft beträufeln. Lauch waschen, halbieren und in dünne Streifen schneiden. Koriander, Chili, Salz und Pfeffer in einem Mörser zerkleinern und beigeben. Mit Olivenöl und Limettensaft verfeinern und alles gut vermischen.

2 | Olivenöl in einer Pfanne erhitzen, Jakobsmuscheln mit Salz bestreuen und für ca. 1 ½ Minuten pro Seite bei mäßiger Hitze goldbraun anbraten. Auf dem Mango-Lauch-Salat anrichten.

Tipp

Wer keine Jakobsmuscheln hat, kann stattdessen auch andere Meeresfrüchte wie Muscheln oder Garnelen verwenden.

Rindsfilet auf Thymian-Orangen-Erbsenpüree

ZUTATEN
FÜR 2 PERSONEN

200 g frische Erbsen
1 kleine Zwiebel
25 g Butter ← gerebelt
1 kleiner Zweig Thymian
Prise Salz und Pfeffer
½ große Orange ← Saft
4 cl Schlagobers

2 Rindsfiletsteaks à 180 g
Schuss Rapsöl
2 EL Butter

Klassische Beilagen beiseite lassen und Neues wagen – mit diesem Vorsatz ist dieses herrliche Erbsenpüree entstanden. Nach langem Probieren in der Küche habe ich nun das für mich beste Rezept dafür. Einfach nachkochen, es schmeckt himmlisch!

ZUBEREITUNGSZEIT
25 Min.

ZUBEREITUNG
1 | Erbsen in gesalzenem Wasser weich kochen. Zwiebel fein schneiden, in Butter anschwitzen und die Erbsen beigeben. Mit Thymian, Salz und Pfeffer verfeinern. Mit Orangensaft ablöschen. In einem höheren Gefäß pürieren. Schlagobers beigeben.

2 | Steaks trocken tupfen, je nach Belieben würzen und beidseitig in Rapsöl ca. 2–3 Minuten scharf anbraten.
In Backpapier eingewickelt für einige Minuten rasten lassen, dann in flüssiger Butter schwenken.

3 | Gemeinsam mit dem Püree anrichten.

Chili-Schoko-Soufflé mit Physalis

ZUTATEN

FÜR 2 FÖRMCHEN
(Ø 9 cm, Höhe 4 cm)

50 g Edelbitterschokolade, grob gehackt
50 g Butter
50 g Zucker
1 Ei
1 Eigelb
Prise Salz
Prise Chili
Prise Vanille
50 g Universalmehl
1 Handvoll Physalis
Schlagobers

+ etwas mehr für die Formen

Feine Schoko und ein Hauch von Chili – was für eine Kombination! Ein richtig sinnliches Dessert. Die meisten Rezepte setzen für den flüssigen Kern stundenlanges Gefrieren voraus ... Aber weil ich ein wenig ungeduldig bin, gerade wenn es um Süßes geht, gibt es hier ein wundervolles Rezept, das im Nu zubereitet – und verschmaust – wird.

ZUBEREITUNGSZEIT

10 Min. 30 Min. 15 Min.

ZUBEREITUNG

1 | Die Förmchen ausbuttern und mit Zucker ausstreuen. In den Tiefkühler stellen.

2 | Schokolade mit der Butter über Wasserbad schmelzen. Zucker, Eier, Salz, Chili und Vanille schaumig rühren. Mehl unterrühren. Geschmolzene Schoko-Butter-Mischung nach und nach beigeben und weitermixen. Masse in die Formen füllen und für 30 Minuten (oder über Nacht) in den Tiefkühler stellen.

3 | Backofen auf 200° C vorheizen. Soufflé für ca. 15 Minuten backen.

4 | Mit Physalis garnieren und geschlagenem Schlagobers verfeinern. Noch warm genießen.

Tipp

Eine tolle Nachspeise zum Vorbereiten! Masse in Formen füllen, gut abdecken und tiefkühlen. Bei Bedarf entnehmen und wie oben fertigstellen.

crocs

OSTERN

Ostern ist ein Fest, bei dem die ganze Familie gerne zusammenkommt. Nach der traditionellen Fleischweihe wird der Tisch bei uns zu Hause mit Reindling, Pinzen, Mohnbutter, Eierkren, Schinken, Selchwürsteln, gefärbten Eiern, Kren, kaltem Schweinsbraten und vielem mehr gedeckt … die Osterjause kann beginnen. Und für die Kleinen gibt es das Osternesterlsuchen. Aufgeregt flitzen sie durch den Garten, bis sie fündig werden. Danach findet das Eierpecken statt. Eine schöne Tradition, auf die wir uns jedes Jahr freuen. Nach der Jause lassen wir den Tag mit einem Spaziergang im Wald ausklingen.

Spaziergang im Wald …

Mitbringsel

Bunter Osterstrauß

Ein Sträußchen aus frischen Schneeglöckchen, Hänsel und Gretel und alles, was ihr zu Ostern im Wald finden könnt. Ein schönes Mitbringsel aus der Natur!

Eierkren mit Mayonnaise

Dazu passen

Süßkartoffelsticks

ZUTATEN
FÜR 4 PERSONEN

EIERKREN
6 Eier
1–2 gehäufte EL Mayonnaise
18 g frisch geriebener Kren
guter Schuss Olivenöl
guter Schuss Weißweinessig
1 EL Gurkensaft
Prise Salz
Prise Pfeffer

MAYONNAISE
1 Ei
1 EL Dijon-Senf
Prise Pfeffer
Prise Salz
1 EL frischer Zitronensaft
250 ml Pflanzenöl

Alle Zutaten bei Zimmertemperatur

SÜSSKARTOFFELSTICKS
2 große Süßkartoffeln
4 Zweige Thymian
Schuss Olivenöl
1 größere Prise Salz

Der Eierkren zählt zu den Klassikern der Kärntner Osterjause und ist somit kaum wegzudenken. Er schmeckt besonders mit Osterschinken. Meine Variante mit ein wenig mehr Pep ist die Kombination mit Süßkartoffelsticks.

ZUBEREITUNGSZEIT
30 Min. 15 Min.

ZUBEREITUNG
1 | Backofen auf 220° C Umluft vorheizen. Süßkartoffeln schälen, in schmale Sticks schneiden und in einer Schüssel mit den restlichen Zutaten gut vermengen. Auf einem mit Backpapier belegten Backblech verteilen und 15 Minuten auf mittlerer Schiene knusprig braten.

2 | Die Eier ca. 10 Minuten hart kochen.

3 | In der Zwischenzeit wird die Mayo vorbereitet: Ei, Senf, Pfeffer, Salz und Zitronensaft in ein schmales Gefäß geben. Öl zugeben und alles mit dem Pürierstab zuerst am Boden des Gefäßes pürieren. Langsam nach oben ziehen. Die Mayonnaise ist fertig (dauert ca.1 Minute).

4 | Die hart gekochten Eier mit kaltem Wasser abschrecken, schälen und in grobe Stücke schneiden. In einer Schüssel mit 1–2 EL Mayonnaise und den restlichen Zutaten gut vermengen.

Süßkartoffelsticks in Eierkren dippen und genießen.

Tipp

Den Rest der Mayo in einem Glasbehälter verschließen und in den Kühlschrank stellen. Sie hält sich mindestens 3 Tage.
Zu Ostern werden die gekochten Ostereier halbiert, die Dotter mit der Mayo cremig verschlagen und diese Masse dann mit einem Spritzsack in die leeren Eihälften dressiert. Mit Kresse verfeinert ergibt das perfekt gefüllte Eier!

Eierkren

Süßkartoffel-
sticks

Schweinsbraten in Biersauce, dazu Fencheltempura

ZUTATEN
FÜR 4 PERSONEN

1,5 kg Schweinsbraten (Karree oder Bauch, mit Schwarte)

SAUCE
½ l dunkles Bier
150 g brauner Zucker
30 ml Malz- oder Weißweinessig
½ Orange ← Saft
½ Bund Thymian
Salz

FENCHELTEMPURA
2 große Fenchelknollen
210 ml Eiswasser
75 g Maisstärke
¼ TL Backpulver
40 g Mehl + etwas mehr zum Wälzen
½ TL Salz
Pflanzenöl zum Frittieren

Entweder sehr kaltes Wasser verwenden oder Eiswürfel schmelzen lassen

Ein Schweinsbraten mit verschiedenen Beilagen und in allerlei Zubereitungsarten schmeckt das ganze Jahr über. Ob wie hier mit Biersauce, ganz klassisch oder einmal mit Melasse und Koriander (das Rezept findet ihr auf meinem Blog). Sollte etwas von der köstlichen Hauptspeise übrig bleiben, kann der kalte Schweinsbraten dünn geschnitten zur Jause serviert werden.

ZUBEREITUNGSZEIT
15 Min. 90 Min.

ZUBEREITUNG
1 | Backofen auf 180° C vorheizen. Bier, Zucker, Malzessig, Orangenschalen und Thymian für ca. 10 Minuten in einem Topf kochen lassen. Immer wieder umrühren. Die Schwarte mit einem scharfen Messer rautenförmig vorsichtig einschneiden und das Fleisch rundum mit Salz einreiben. In einer beschichteten Pfanne auf der Schwartenseite scharf anbraten. Braten in eine ofenfeste Form legen und die Sauce durch ein Sieb darübergießen. Eventuell noch einmal abschmecken.
Im vorgeheizten Backofen auf unterster Schiene ca. 90 Minuten braten. (Bratzeit je nach „Dicke" des Fleisches, am besten mit Bratenthermometer arbeiten.) Die letzten Minuten idealerweise auf Oberhitze umschalten, sodass die Schwarte schön knusprig wird.

2 | In der Zwischenzeit Fenchel waschen, putzen und in dünne Scheiben schneiden. Eiswasser, Maisstärke, Backpulver, Mehl und Salz mit einer Gabel vermengen. Pflanzenöl in einer beschichteten Pfanne ca. 1–2 cm hoch erhitzen. Fenchelscheiben beidseitig mit Mehl bestäuben, abklopfen und in die vorbereitete Masse tauchen. In ca. 1–2 Minuten beidseitig goldbraun ausbacken. Herausheben, auf Küchenpapier legen und kurz warm stellen.

3 | Den Schweinsbraten in Scheiben schneiden, etwas Sauce durch ein Sieb angießen und Fencheltempura dazu anrichten.

Osterpinze mit Mohnbutter

Osterpinze

ZUTATEN

FÜR 6 STÜCK

100 g Butter
225 ml Milch
50 g brauner Zucker
30 g Honig
4 Eidotter
+ 1 Eidotter, verschlagen ← zum Bestreichen
500 g Universalmehl
1 Pkg. Trockengerm
Prise Salz
2 Handvoll Hagelzucker

Mohnbutter

ZUTATEN

FÜR 6 PERSONEN

15 Min. 15 Min. + ca. 60 Minuten Kühlzeit

12 EL Rosinen
100 g gemahlener Mohn
½ TL Zimt
1 EL Honig
2 cl Rum
1 TL brauner Zucker
1 Vanilleschote ← Mark
250 g Butter (Zimmertemperatur)

Tipp

Die Mohnbutter kann auch in Frischhaltefolie eingewickelt tiefgekühlt werden.

Die Osterpinze hat ihren Ursprung in Friaul-Julisch Venetien und wird etwa in Triest und in Görz, aber auch in Teilen Kroatiens und Sloweniens häufig zu Ostern gebacken und verzehrt. Ebenso wie bei uns, vor allem in Südösterreich. Sie schmeckt süß, hier mit Mohnbutter, aber auch zu Osterschinken umwerfend gut!

ZUBEREITUNGSZEIT

20 Min. 60 Min. 30–35 Min.

ZUBEREITUNG

1 | Butter in einem Topf bei niedriger Hitze nur leicht erwärmen (lauwarm). In einem separaten Topf Milch, Zucker, Honig und Eidotter ebenfalls leicht erwärmen und gemeinsam mit der Butter mithilfe eines Schneebesens aufschlagen, bis sich alle Zutaten gleichmäßig verteilt haben.

2 | In einer Schüssel Mehl, Trockengerm und Salz vermischen und mit der Butter-Zucker-Ei-Mischung (die nicht mehr als 40° C haben darf, ansonsten geht die Germ nicht auf) so lange – per Hand oder in der Küchenmaschine – kneten, bis der Teig eine seidige Konsistenz hat.

3 | 30 Minuten an einem warmen Ort zugedeckt gehen lassen. Danach den Teig nochmals durchkneten, 6 gleichmäßig große Kugeln formen und auf ein mit Backpapier belegtes Blech legen. Weitere 30 Minuten gehen lassen. Backofen auf 180° C vorheizen.

Osterpinzen mit einem scharfen Messer oder einer Schere an der Oberseite drei Mal einschneiden, mit Eidotter bestreichen und mit Hagelzucker bestreuen. Ca. 30–35 Minuten backen.

4 | Währenddessen für die MOHNBUTTER die Rosinen ca. 15 Minuten in etwas Wasser einweichen, danach fest ausdrücken und fein hacken. Mohn, Zimt, Honig, Rum, Zucker, Vanillemark und Rosinen gut vermischen. Etwas Wasser beimengen, sodass eine cremige Masse entsteht.

Butter in Form eines Rechtecks zwischen zwei Bögen Frischhaltefolie ca. ½ cm dick auswalken, Mohnmasse gleichmäßig, bis in die Ecken, darauf verstreichen und fest zusammenrollen. In Frischhaltefolie verpacken, kühl stellen und ca. 30 Minuten vor dem Servieren aus dem Kühlschrank nehmen.

Osterreindling im Blumentopf

ZUTATEN

FÜR 3 STÜCK

TEIG

½ l Milch
20 g Kristallzucker
1 Pkg. Vanillezucker
6 Eidotter
1 Ei
1/16 l Rum
250 g Butter (+ etwas mehr für die Formen)
1 kg Universalmehl (+ etwas mehr)
1 TL Salz
2 Pkg. Trockengerm

FÜLLUNG

250 g flüssige Butter (+ etwas mehr für die Formen)
ca. 25 g Zimtpulver
500 g Zucker (+ etwas mehr für die Formen)
Rosinen (je nach Geschmack)

AUSSERDEM

3 mittelgroße, saubere Blumentöpfe aus Ton
3 Bögen Backpapier

Der Reindling ist in der Kärntner Küche ein Fixstern. Eine himmlische Füllung aus Rosinen, Zucker, Zimt und Butter umhüllt von zartem Germteig macht diese Süßspeise besonders „gschmackig". Der Clou ist aber, dass er am liebsten zu Osterschinken, Würsten und gekochter Zunge verspeist wird. Klingt seltsam? Wer diese Kombination einmal probiert hat, möchte sie nicht mehr missen!

ZUBEREITUNGSZEIT

35 Min. · 2 Stunden · ca. 75 Min.

ZUBEREITUNG

1 | Milch, Zucker, Vanillezucker, Eidotter, Ei und Rum in einem Topf erwärmen (nicht kochen) und mit einem Schneebesen aufschlagen, bis sich alle Zutaten gleichmäßig verteilt haben. In separatem Topf Butter erwärmen und der Milchmasse beimengen.

2 | Mehl, Salz und Trockengerm mischen. Mit der Butter-Zucker-Ei-Mischung (die nicht mehr als 40° C haben darf, ansonsten geht die Germ nicht auf) so lange – per Hand oder in der Küchenmaschine – kneten, bis der Teig eine seidige Konsistenz hat.

3 | Eine Schüssel mit etwas Mehl bestreuen und den Teig darin an einem warmen Ort ca. 1 Stunde gehen lassen. Nochmals gut durchkneten, in 3 gleichmäßig große Portionen teilen und je ca. ½ cm dick auf einer mit Mehl bestäubten Arbeitsfläche auswalken. Zimt und Zucker vermischen. Den Teig jeweils mit flüssiger Butter bestreichen und mit der Zucker-Zimt-Mischung sowie Rosinen gleichmäßig bestreuen.

4 | Blumentöpfe mit einem Backpapierbogen auskleiden. Diesen mit Butter bestreichen und mit etwas Zucker gleichmäßig rundherum bestreuen. Die drei Teige fest zusammenrollen, jeweils zu einer Schnecke (Spirale) formen und in die Blumentöpfe legen.

5 | Für eine weitere Stunde an einem warmen Ort gehen lassen. 3–4 Mal an der Oberfläche mit einer Nadel einstechen. Backofen auf 180° C vorheizen. Die Reindlinge zuerst 10 Minuten bei leicht geöffnetem Backofen (Kochlöffel hineinstecken) und dann ca. 75 Minuten bei geschlossenem Rohr backen.

6 | In den Formen auskühlen lassen, stürzen – und selbst essen oder verschenken.

Tipp

Wechselt das Backpapier gegen ein großes Tortenspitzenpapier aus, gebt den Reindling wieder in den Blumentopf und verziert diesen mit einer schönen Schleife und einem Ästchen Grün. Ein tolles Geschenk für die Einladung zur Osterjause!

MUTTERTAG & VATERTAG

Zwei besondere „reservierte“ Tage im Jahr sollten gefeiert werden, finde ich: der Muttertag und der Vatertag. Der Muttertag hat seine Wurzeln in den USA, von wo er sich 1914 weltweit zu verbreiten begann. Der Vatertag wurde in der heutigen Form Ende des 19. Jahrhunderts in Berlin erstmals begangen. Bei uns zu Hause gab es an beiden Tage selbst gebastelte Geschenke, ein gutes Essen und eine besondere Nachspeise.

Für Mama & Papa
nur das Beste

Bunter Blumenkranz

Dekotipp

Blumenkranz-Anleitung

DAZU BRAUCHT MAN:
Silber- oder Golddraht und verschiedene Blumen

Nehmt ein längeres Stück Draht, haltet ihn doppelt und dreht die zwei „Hälften" ineinander. Verschließt die zwei Enden und formt den Draht zu einem Kranz oder einem Herz. Die Blumen können nun mit separaten kleineren Drahtstücken eingebunden werden – dazu legt man sie einzeln auf den vorgefertigten Kranz und befestigt sie mit Draht. So lange, bis der Blumenkranz fertig ist. Der Blumenkranz kann auch getrocknet werden.

Rhabarber-Waldmeister-Bowle

ZUTATEN

FÜR 4 GLÄSER

½ l Weißwein, gekühlt
½ l Sekt oder Prosecco, gekühlt
50 g Kristallzucker
50 g Wasser
½ Bund Waldmeister (= ca. 5 g)
1 Stange Rhabarber

ohne Blüten

Herrlich prickelnd und erfrischend!

Bowl bedeutet im Englischen Napf oder Schüssel und in einem solchen bauchigen Gefäß wird die Bowle auch üblicherweise serviert. Die Engländer bezeichnen die Bowle übrigens als *punch*. Die klassische Mai- oder Waldmeisterbowle gab es schon im 19. Jahrhundert und wird heute gerne als Aperitif serviert. Basis aller Bowlen sind jedenfalls immer Weißwein und Früchte, aufgegossen wird meist mit Schaumwein.

ZUBEREITUNGSZEIT

5 Min. 5–10 Min. 25 Min.

ZUBEREITUNG

1 | In einem Topf Wasser mit Kristallzucker so lange kochen lassen, bis sich der Zucker aufgelöst hat. Das dauert ca. 5 Minuten. Ca. 200 ml Weißwein langsam beigeben.

2 | Rhabarber putzen, in kleine Stücke schneiden und 1 Minute mitkochen.

3 | Diesen Sirup auskühlen lassen und mit dem übrigen Weißwein vermischen.

4 | Den Waldmeister bündeln und für ca. 15 Minuten darin ziehen lassen. Waldmeister entfernen, Bowle kühl stellen und vor dem Servieren mit Sekt oder Prosecco aufgießen.

Zanderfilet mit Basilikumkartoffelpüree

ZUTATEN

FÜR 4 PERSONEN

1 kg mehlige Kartoffeln
5–6 große Handvoll Basilikumblätter
300 ml Schlagobers
2 EL Butter
Prise Salz/Muskatnuss
4 Zanderfilets à 160 g
Mehl
Butter

Die Liebe zu aromatisiertem Kartoffelpüree habe ich in einem kleinen, romantischen Fischlokal in Wien entdeckt. Vor allem die Kombination mit Fisch ist einfach genial. Aber fest steht: Es schmeckt auch zu einem ordentlichen Stück Fleisch hervorragend!

ZUBEREITUNGSZEIT

25 Min.

ZUBEREITUNG

1 | Kartoffeln schälen und in grobe Würfel schneiden. In gesalzenem Wasser weich kochen.

2 | In der Zwischenzeit Basilikum grob hacken und mit dem flüssigen Schlagobers pürieren, bis eine festere Creme entsteht.

3 | Das Wasser der Kartoffeln abgießen, Butter beigeben, bis diese schmilzt, und alles mit einem Stampfer zerkleinern. Basilikum-Schlagobers-Mischung unterrühren und mit Salz und Muskatnuss abschmecken.

4 | Fischfilets waschen, trocken tupfen, salzen und auf der Hautseite in Mehl drücken. In eine beschichtete Pfanne reichlich Butter geben (die Fische sollen beim Braten in der Butter „schwimmen") und die Fische darin auf der Hautseite so lange braten, bis sie gar sind.

5 | Gemeinsam mit dem Basilikumpüree servieren und mit etwas Butter verfeinern.

Um etwas Farbe auf den Teller zu zaubern, mit bunten Blüten, Kräutern und einer Zitronenscheibe dekorieren.

Basilikumkartoffel-
püree

Apfel-Vanille-Rosentartelettes

ZUTATEN

FÜR 6 KLEINE FÖRMCHEN

MÜRBTEIG

125 g Butter
100 g Staubzucker ← gesiebt
Prise Salz
2 Eidotter
250 g Mehl
2 EL kalte Milch
½ Bio-Zitrone
1 Prise Vanille

FÜLLUNG

2 TL Quittengelee
½ Pkg. Vanillepuddingpulver
250 ml Milch
1 EL brauner Zucker
2 säuerliche Äpfel
1 Zitrone ← Saft

Ein kleiner Ort in Oberitalien mit den besten Gaumenfreuden, die man sich nur wünschen kann … Eine alteingesessene Bäckerei, in der die Einheimischen morgens ihren Espresso und etwas Süßes zu sich nehmen. Aus der Backstube duftet es verführerisch nach allerlei frisch Gebackenem. Ich nehme besonders gerne die zarten Mürbteigschüsselchen mit Vanillecreme und Früchten.

ZUBEREITUNGSZEIT

30 Min. 60 Min. 20–25 Min.

ZUBEREITUNG

1 | Butter in Stücke schneiden, mit Staubzucker und einer Prise Salz cremig rühren. Mit Eigelb und Mehl sowie kalter Milch zusammenkneten, zu einer Kugel formen. Flach drücken, in Frischhaltefolie wickeln und mindestens 60 Minuten kalt stellen. Backofen auf 190° C vorheizen.
Mürbteig ausrollen, ausstechen und die Förmchen mit dem Teig auskleiden.
Den Teig mit etwas Quittengelee bestreichen, mit einer Gabel einstecken und ca. 20–25 Minuten goldbraun backen. Aus dem Backofen nehmen.

2 | Für die Vanillecreme Puddingpulver mit Zucker mischen. Mit 3 EL Milch glatt rühren. Die restliche Milch kurz aufkochen und die Mischung mit einem Schneebesen einrühren. Vanillepudding noch flüssig (aber nicht mehr kochend) in die inzwischen ausgekühlten Mürbteigböden füllen.

3 | Äpfel waschen, vierteln, entkernen und in dünne Scheiben hobeln. Mit etwas Zitronensaft bestreichen und kreisförmig, von außen nach innen, in die Vanillecreme stecken.

Tipp

Wer will, kann unter der Vanillecreme mit einem Marzipankreis verfeinern. Dazu Marzipan verkneten, dünn ausrollen und in der passenden Größe ausstechen. Auf den gebackenen, ausgekühlten Mürbteigboden auflegen und wie beschrieben fertigstellen.

KINDERGEBURTSTAG

Die süßen Zwerge können ganz schön Gas geben. So wie meine beiden kleinen Geschwister Paul und Johanna. Sie überraschen mich jeden Tag aufs Neue, dafür liebe ich sie heiß. Einige Male am Tag wird gefragt: Darf ich bitte, bitte noch etwas Süßes haben? Was wäre somit ein Geburtstag ohne etwas Süßes?! Ohne eine Torte mit Kerzen oder andere kleine Schleckereien? Meine Freundin und Patissière Lisi Liegl hat mir dazu einige ihrer Rezepte verraten, die nicht nur bei Klein, sondern auch bei Groß gut ankommen.

Mitbringsel

Ein süßer Tag für die Kleinen

Mitbringsel
Erdbeeren in Schoki

Schoko-Erdbeeren am Stiel

DAZU BRAUCHT MAN:
Erdbeeren, helle oder dunkle Kuvertüre, Holzspießchen

Erdbeeren zur Hälfte in geschmolzene Schokolade tauchen und zum Trocknen gleich auf die Spießchen stecken.

Zweistöckige Luftballonsachertorte

ZUTATEN

FÜR 2 TORTEN

Untere Torte Ø 15 cm,
obere Torte Ø 10 cm
(verstellbare Tortenringe sind hilfreich)

250 g Butter
250 g Schokolade
8 Eier, getrennt
250 g feiner Kristallzucker
250 g griffiges Weizenmehl
½ TL Backpulver

BUTTERCREME

200 g Butter, weich
200 g Staubzucker ← gesiebt

WEITERS

500 g Marillenmarmelade
1000–1200 g Rollfondant
buntes Marzipan
Lebensmittelfarbe

Deko-Tipp

Für die Deko (diese kann jedoch nach Belieben verändert werden) zunächst das Gras und die Figur mit Lebensmittelfarbe auftragen. Ein kleines rundes Marzipanstück auswalken. Darauf die aus buntem Marzipan ausgestochenen Luftballons nebeneinanderlegen und festdrücken. Das Luftballongebilde zum Befestigen leicht auf die Torte drücken.

Ein Vorläuferrezept dieser Spezialität der Wiener Küche wurde erstmals im 18. Jahrhundert niedergeschrieben. Die uns bekannte Sachertorte geht auf die Hofküche Fürst Metternichs zurück, in der ein 16-jähriger Lehrbursche namens Franz Sacher die Sachertorte kreierte. Im Lauf der Geschichte kam das Rezept zur k. u. k. Hofzuckerbäckerei Demel, die dann ebenfalls Ansprüche auf die Tortenrechte erhob. Tatsache ist: die „Original-Sachertorte" gibt es seit 1963 nur bei Sacher, „Demel's Sachertorte" bei Demel.

ZUBEREITUNGSZEIT

20 Min. + 60 Min. Dekoration | 50 Min. | 90 Min.

ZUBEREITUNG

1 | Backofen auf 160° C Umluft vorheizen.

2 | Butter in einem Topf schmelzen, klein gehackte Schokolade darin auflösen, die Eidotter untermengen. In der Zwischenzeit Eiklar mit dem Zucker zu Schnee schlagen.

3 | Den Schnee unter die Schokolade-Butter-Eidotter-Mischung heben und das Mehl mit dem Backpulver untermengen. Die Masse in zwei befettete und bemehlte Tortenformen/Tortenringe füllen, glatt streichen und im vorgeheizten Backofen auf mittlerer Schiene 50 Minuten backen.

4 | Torten in der Form auskühlen lassen, anschließend quer in 2 Zentimeter dicke Scheiben schneiden. Marmelade erwärmen, auf jede Schicht streichen und Böden gleichmäßig übereinanderlegen.

5 | Für die Buttercreme Butter und Staubzucker cremig schlagen. Die beiden Torten außen gleichmäßig damit einstreichen, glatt streichen und für ca. 30 Minuten kalt stellen.

6 | Anschließend Rollfondant kneten und 3 mm dünn ausrollen, die Torten damit eindecken.

K
J
F
C
H
M
I
K

Bunte Biskuitrouladen-Lollis

ZUTATEN
FÜR 1 BLECH

8 Eidotter
100 g Staubzucker
5 Eiklar
80 g glattes Weizenmehl
20 g Maisstärke
Prise Salz
Lebensmittelfarbe
Holzspieße
ca. 100 g Marillenmarmelade

oder andere Marmelade

Die Lebensmittelfarbe kann natürlich auch weggelassen werden.

Bunte Abwechslung: kleine Kuchen am Stiel, von denen man nicht genug bekommen kann.

Biskuitrouladen sind ein Dauerbrenner bei Groß und Klein. Und in bunten Farben das Highlight jeder Geburtstagsparty. Ursprünglich bezeichnete man mit „Biskuit" den Zwieback, also zwei Mal gebackenes Brot, das auf diese Art haltbar gemacht wurde. Hierzulande meint man heute mit Biskuit ein luftiges Gebäck aus Eischnee, Eidottern, Mehl und Zucker. In England, aber auch in Frankreich, behielt das *biscuit* jedoch als „Keks" bzw. „Plätzchen" seine ursprüngliche Bedeutung.

ZUBEREITUNGSZEIT
20 Min. 8 Min.

ZUBEREITUNG
1 | Den Backofen auf 160° C Umluft vorheizen.

2 | Eidotter mit Zucker und Salz in der Küchenmaschine schaumig schlagen. Eiklar zu Schnee schlagen. Den Schnee unter die schaumige Dottermasse heben und die Weizenmehl-Stärke-Mischung vorsichtig unterheben.

3 | Nun die Masse mit Lebensmittelfarbe einfärben.

4 | Biskuitmasse rasch auf ein mit Backpapier belegtes Blech streichen und in ca. 8 Minuten goldbraun backen.

5 | Herausnehmen und auf Backpapier stürzen, das obere Backpapier abziehen und das Biskuit einrollen.

6 | Marillenmarmelade erwärmen, die Rolle aufrollen, die Marmelade verteilen und gut verstreichen, wieder straff einrollen. In kleine Stücke schneiden und auf Holzspieße oder bunte Strohhalme stecken.

Fröhliche Cupcakes

So schön bunt!

Die beliebten Küchlein faszinieren und können je nach Lust und Laune mit den verschiedensten Toppings verziert werden. Es macht mir außerdem unglaublich viel Spaß, mit meinen kleinen Geschwistern gemeinsam zu backen. Gekostet wird hier von der Kuvertüre bis hin zur Butter. Man muss schließlich wissen, wie die Zutaten so schmecken ... Das Dekorieren ist aber das absolute Highlight und dabei sind der Kreativität keinerlei Grenzen gesetzt.

ZUTATEN

FÜR 24 KLEINE PAPIERFÖRMCHEN ODER MINI-MUFFINFORMEN

80 g dunkle Kuvertüre, klein gehackt
25 g Butter, in kleinen Stücken
60 g Pflanzenöl
110 g griffiges Weizenmehl
20 g dunkles Kakaopulver (ungesüßt)
1 TL Backpulver
2 Eier
190 g feiner Kristallzucker
50 ml Wasser
40 g Sauerrahm

TOPPING

250 g Schlagobers
250 g dunkle (oder weiße) Schokolade (klein gehackt)

bunte Streusel
kleine Smarties

ZUBEREITUNGSZEIT

40 Min. 15 Min. 2 Stunden

ZUBEREITUNG

1 | Kuvertüre, Butter und Öl über Wasserbad unter ständigem Rühren schmelzen.

2 | Mehl, Kakaopulver und Backpulver vermengen. Eier und Kristallzucker schaumig aufschlagen, Wasser und Sauerrahm unterrühren, dann die Kuvertüre-Butter-Öl-Mischung unterheben. Die Mehl-Kakaopulver-Backpulver-Mischung unterheben und gut verrühren. Die relativ flüssige Masse in Backförmchen (oder Muffinförmchen) füllen und bei 180° C ca. 15 Minuten backen.

4 | Für die Creme Schlagobers in einem Topf erhitzen und kurz aufkochen lassen, die Schokolade einrühren. Bei Zimmertemperatur 2 Stunden auskühlen lassen. Danach mit einem Mixer cremig aufschlagen. Sollte die Masse noch nicht cremig werden, kurz in den Kühlschrank stellen und nochmals aufschlagen.

4 | Creme in einen Spritzbeutel füllen, auf die Muffins dressieren, mit bunten Streuseln oder kleinen Smarties verzieren.

T
H

Schokoladencookies zum Reinbeißen

ZUTATEN

FÜR CA. 25 STÜCK (Ø ca. 3–4 cm)

110 g weiche Butter
100 g Staubzucker
1 Ei
½ TL Vanillezucker
170 g griffiges Weizenmehl
Prise Backpulver
Prise Salz
50 g weiße Kuvertüre, gehackt
75 g dunkle Schokoladendrops (oder dunkle Kuvertüre, gehackt)

Für kleine und große Naschkatzen. Statt Schokodrops können auch bunte Schokolinsen eingebacken werden.

In den USA als *cookie,* in England als *biscuit* und im deutschsprachigen Raum als Plätzchen oder Keks bekannt, entstand diese Art von Bäckerei bei steigender Nachfrage nach Kaffee, Kakao und Tee. Allerdings waren die Leckereien zu Beginn nur Privilegierten vorbehalten. Als vor allem Zucker preiswert wurde, wurde das Keksebacken auch für die breitere Masse zugänglich.

ZUBEREITUNGSZEIT

20 Min. 12–14 Min.

ZUBEREITUNG

1 | Den Backofen auf 180° C Umluft vorheizen.

2 | Butter und Zucker im Mixer schaumig schlagen. Das Ei mit Vanillezucker verquirlen und hinzufügen, gut verrühren. Mehl, Backpulver und Salz unterheben. Zum Schluss die beiden Schokoladen beimengen und den Teig glatt rühren.

3 | 2 Zentimeter große Kugeln formen, auf ein mit Backpapier belegtes Blech legen und mit bemehlten Fingern leicht flach drücken.

4 | Im vorgeheizten Backofen ca. 12–14 Minuten backen. Herausnehmen und erkalten lassen.

Tipp

Die Cookies können luftdicht bis zu 3 Wochen aufbewahrt werden.

PICKNICK & WANDERN

Was gibt es Schöneres, als an einem lauen Sommerabend zu picknicken oder an einem klaren Herbsttag die Wanderschuhe zu schnüren? Voraussetzung natürlich – Korb oder Rucksack sind gut gefüllt mit feinen Sachen zum Verwöhnen. Mit Freunden an einem See, eine schöne Flasche Wein im Gepäck oder einfach frisches Quellwasser in würziger Bergluft ...

Zum Mitnehmen
Knackige selbst gemachte Essiggurken
Seite 156

Feines für unterwegs

Brotsalat mit Minze und Petersilie

ZUTATEN
FÜR 4 PERSONEN

4 große feste Tomaten
2 Bund frische Petersilie
1 Bund frische Minze
2 Stück Pitabrot

DRESSING
45 ml Olivenöl
1 Zitrone ← Saft
Salz, Pfeffer

In den arabischen Ländern, im Speziellen in Syrien und im Libanon, ist dieser Salat ein absolutes Highlight. Bezeichnet wird er als „Fattoush". Dabei wird auch älteres Brot verwendet, um dieses nicht zu verschwenden. Der Salat ist erfrischend und eignet sich bestens zum Mitnehmen.

ZUBEREITUNGSZEIT
10 Min.

ZUBEREITUNG
1 | Tomaten in grobe Stücke schneiden. Petersilie grob hacken und mit den Tomaten vermischen. Mit dem Dressing vermengen und mit der Hand kurz durchmischen.

2 | Pitabrot toasten, einpacken und vor dem Verzehr frisch über den Salat brechen.

Tipp
Wer will, kann noch mit einer klein gehackten roten Zwiebel verfeinern.

Eierschwammerl- und Rehleberaufstrich

Eierschwammerl-aufstrich

ZUTATEN

2 EL Butter
1 mittelgroße Zwiebel
200 g geputzte Eierschwammerln
gute Prise Salz und Pfeffer
120 g Butter
1 Handvoll Petersilie

Zimmer-temperatur

Mein Papa ist leidenschaftlicher Jäger und Fliegenfischer und so wurde ich schon als kleines Mädchen mit sämtlichen Delikatessen aus der Natur bekocht. Diese beiden Aufstriche sind leicht vorzubereiten und ideal zum Mitnehmen. Aber sie sind auch ein hervorragender Einstieg in ein schönes Abendessen mit Freunden oder der Familie.

ZUBEREITUNGSZEIT

je 15 Min. mind. 2 Stunden

ZUBEREITUNG

Butter in einer Pfanne schmelzen. Fein gewürfelte Zwiebel hinzugeben und anschwitzen. Grob gehackte Eierschwammerln beimengen, mit Salz und Pfeffer abschmecken und so lange rösten, bis die Flüssigkeit zum Großteil verdampft ist. Kalt stellen. Gemeinsam mit Butter und Petersilie pürieren.

Rehleberaufstrich

ZUTATEN

2 EL Butter
1 mittelgroße Zwiebel
200 g Rehleber (oder Hühnerleber)
5 Wacholderbeeren
5 Körner Tasmanischer Pfeffer
gute Prise Salz und Pfeffer
je 1 Zweig Thymian und Rosmarin
1 EL Preiselbeeren
120 g Butter

Zimmer-temperatur

ZUBEREITUNG

Butter in einer Pfanne schmelzen. Fein gewürfelte Zwiebel hinzugeben und anschwitzen. Grob geschnittene Leber beimengen und mitrösten. Gemörserte Wacholderbeeren und Pfefferkörner sowie grob gehackte Kräuter beimengen. Mit Salz und Pfeffer abschmecken. Zum Schluss Preiselbeeren unterrühren. Auskühlen lassen und gemeinsam mit der Butter pürieren.

Tipp

Die Aufstriche kurz vor Verwendung aus dem Kühlschrank nehmen, damit die Aufstriche nicht zu hart sind.

Eierschwammerl-
auftrich
Rehleberaufstrich

Sandwich im Glas

ZUTATEN
FÜR 4 MITTELGROSSE GLÄSER MIT DECKEL

16 Radieschen
2 Handvoll Kresse
1½–2 Zitronen ← Saft
Prise Salz und Pfeffer
Schuss Olivenöl
4 EL Sauerrahm
4 TL Senf
4 Scheiben Pumpernickel
8 kleine Salatblätter
200 g Schinkenwürfel
2 hart gekochte Eier

Einer Legende zufolge wurde das Sandwich ab 1762 nach dem britischen Earl of Sandwich, einem Staatsmann und leidenschaftlichen Kartenspieler, benannt, der sich während des Spielens sein Essen zwischen zwei Brotscheiben packen ließ, um nicht unterbrechen zu müssen. Ebenfalls heißt es, dass sich der Verzehr dieser Speise zunächst nur für Männergesellschaften schickte ... In England bekam das Sandwich ab dem 19. Jahrhundert (geschlechterunabhängig) kulinarische Bedeutung und wurde als Zwischenmahlzeit zur Teatime gereicht. Bei uns hier gibt es nun wieder eine „kompliziertere" Variante – im Glas, wofür man zwar Besteck benötigt, aber dafür lassen sich mit dem Brot auch Salate kombinieren!

ZUBEREITUNGSZEIT
15 Min.

ZUBEREITUNG

1 | Radieschen waschen, in feine Würfel schneiden und gemeinsam mit der Kresse, dem Zitronensaft, Salz, Pfeffer und Olivenöl gut vermengen. Sauerrahm mit Senf und einer Prise Salz gut verrühren.

2 | Pumpernickel grob zerbrechen und in die Gläser schichten, gefolgt von den Radieschen, den Salatblättern, dem Sauerrahmdip, den Schinkenwürfeln und je einer Eihälfte. Verschließen und ab in den Korb oder Rucksack!

Tipp
Die Reihenfolge kann natürlich auch anders gewählt werden. Ist man länger unterwegs, sollte das Brot über dem Radieschensalat geschichtet werden.

Gurke-Minze-Apfel-Limonade & nussig-fruchtige Müsliriegel

Limonade

ZUTATEN

FÜR ½ LITER

gekühlt

½ l prickelndes Mineralwasser
3 Zweige Minze
½ grüner Apfel
½ kleinere Feldgurke
1–2 cm frischer Ingwer
½ Zitrone

Tipp

Für Kinder Ingwer weglassen und etwas Holundersaft beimengen.

Wollt ihr etwas Erfrischendes für zwischendurch? – Für ein Picknick oder anstrengende Wanderungen brauchen wir Durstlöscher wie diese selbst gemachte Limonade. Nicht zu süß und trotzdem originell. Die erste Limonade, wie wir sie kennen, wurde einst in England aus Wasser, Zitrone und Zucker hergestellt.

ZUBEREITUNGSZEIT

5 Min.

ZUBEREITUNG

Eine Flasche mit größerer Öffnung mit Mineralwasser, Minze, in Spalten geschnittenem Apfel (entkernt), in Streifen geschnittener Gurke (entkernt), Ingwerstückchen und Zitronenscheiben füllen. In den Kühlschrank stellen und etwas durchziehen lassen.

Müsliriegel

ZUTATEN

FÜR 16 RIEGEL

ganz, mit Schale

ganz

150 g Mandeln
150 g Walnüsse
125 g getrocknete Marillen
125 g getrocknete Cranberries
150 g getrocknete Feigen
200 g getrocknete Datteln (ohne Kern)
4 EL Kokosöl

Tipp

Die Riegel einzeln in Backpapier einwickeln und mit einem Spagat zubinden.
Kühl lagern, tiefkühlen oder gleich essen.

Diese Müsliriegel geben euch absolute Power. Sie lassen sich leicht vorbereiten, sind länger haltbar und können außerdem für Schule, Uni oder Büro als Snack in die Tasche gepackt werden. Und: sie sind ein „gesundes" Mitbringsel!

ZUBEREITUNGSZEIT

20 Min.

ZUBEREITUNG

1 | Nüsse mit einem Messer grob hacken und in einer beschichteten Pfanne bei kleiner bis mittlerer Hitze ca. 5–10 Minuten rösten. Zwischendurch wenden. Nüsse auskühlen lassen. Kokosöl ggf. zerlassen und ebenfalls auskühlen lassen.
2 | Marillen, Feigen und Datteln mit einem Messer etwas zerkleinern. Nun alle Zutaten so lange zerkleinern (Zerkleinerer), bis eine gleichmäßige, noch leicht grobe Masse entsteht.
3 | Backpapier auf ein Backblech auflegen. Die Müslimasse daraufgeben, mit der Hand noch etwas verkneten und mithilfe einer Teigkarte zu einem ca. 2 cm dicken Rechteck formen.
4 | Am besten über Nacht in den Kühlschrank geben.
5 | In gleichmäßige Riegel schneiden.

Selbst gemachte Limonade

Müsliriegel

Flaumiger Joghurtgugelhupf

ZUTATEN
FÜR 1 KLEINE BIS MITTLERE GUGELHUPFFORM

2 Eier
1 Pkg. Vanillezucker
1 Becher Kristallzucker
2 Becher Universalmehl ← + etwas mehr für die Formen
1 Pkg. Backpulver
1 Becher Joghurt
½ Becher Öl
etwas Butter für die Form
etwas Staubzucker ← zum Bestreuen

Oft sind die einfachen Dinge im Leben die besonderen. Dazu zählt für mich ein Gugelhupf. Zum Frühstück oder am Abend vor dem Fernseher mit einer Tasse Kakao oder so wie hier zum Wandern oder Picknicken, schmeckt er himmlisch gut, flauschig und saftig. Der Gugelhupf, auch als Napfkuchen bekannt, hat seine Ursprünge in der Römerzeit (Danke an die guten alten Römer …). Und Forschern zufolge soll die Form des Gugelhupfs die rotierende Sonne veranschaulichen.

ZUBEREITUNGSZEIT
5 Min. 40 Min.

ZUBEREITUNG

1 | Backofen auf 180° C vorheizen.

2 | Alle Zutaten mit einem Handrührgerät vermengen.

3 | Form mit Butter befetten und mit Mehl ausstauben. Masse einfüllen und für 40 Minuten im vorgeheizten Backofen backen.

4 | Auskühlen lassen und stürzen. Mit Staubzucker verfeinern.

Tipp
Ihr könnt auch Schokodrops in die Masse einarbeiten.

GARTENPARTY

Ein sonniger Tag, Zeit mit seinen Liebsten verbringen und gemeinsam erlebte Geschichten Revue passieren lassen ... Barfuß durch den Garten laufen, den Sommer spüren und Spaß haben. Gemeinsam grillen und kochen. Zu guter Musik tanzen und singen. Das ist für mich ein perfektes Fest im Grünen.

Mitbringsel
Whiskeyzwiebeln im Glas
Seite 156
Köstlich!

Schlemmen im Grünen

Orangen-Granatapfel-Salat

Sommer pur

ZUTATEN

FÜR 4 PERSONEN

1 Granatapfel
8 große Orangen
2 rote Zwiebeln
1–2 kleine Dosen Sardellen
1–2 frische rote Chilis
1 kleines Glas entkernte schwarze Oliven
1 Handvoll Basilikum

DRESSING

Olivenöl
Weißweinessig
Salz
Pfeffer

Dieses fabelhafte, frische und bunte Gericht haben wir auf einer unserer Reisen nach Italien entdeckt. Genauer gesagt in einem kleinen Restaurant in Sizilien. Eine richtig luftige Vorspeise. Die Kombination aus süßen Orangen und knackigen Granatapfelkernen ist verführerisch ...

ZUBEREITUNGSZEIT

15 Min.

ZUBEREITUNG

1 | Den Granatapfel vorsichtig rundum einschneiden und aufbrechen, so werden die Kerne nicht „verletzt". Mit der offenen Seite über eine Schüssel halten und mit einem Kochlöffel die Kerne herausklopfen. Dabei immer wieder drehen, um alle „Winkel" zu erwischen.

2 | Orangen filetieren. Die übrig gebliebenen Reste der Orange mit der Hand ausdrücken und den Saft für das Dressing verwenden.

3 | Zwiebeln schälen und in Ringe schneiden. Sardellen ebenfalls in dünne Streifen schneiden. Chili (am besten mit Handschuhen) zuerst entkernen und dann ebenfalls in dünne Streifen schneiden. Alles gut vermengen und die Oliven hinzufügen.

4 | Für das Dressing Olivenöl, Essig, Orangensaft, Salz und Pfeffer verrühren und mit dem Salat gut vermengen. Ein wenig durchziehen lassen, damit sich Aroma und Geschmack entfalten können.

5 | Zum Schluss noch mit etwas Grün dekorieren.

Gegrillte Avocados mit Tomaten-Radieschen-Salat

ZUTATEN
FÜR 4–6 PERSONEN

3 reife Avocados
Saft 1 Zitrone
Salz, grober Pfeffer
240 g Cocktailtomaten
4 Radieschen

DRESSING
2 EL Worcestersauce
5 EL Olivenöl
½ Zitrone ← Saft
1 TL Honig
1 TL Senf
Salz, Pfeffer, Chili

Auf den Grill kommt alles, was schmeckt! Von Kürbis bis Spargel, von Ananas bis Erdbeeren oder Marillen …

Avocados gegrillt? Ja, tatsächlich. Vor allem mit süßlichen knackigen Tomaten. Ein idealer Start in die Grillsaison. Wusstet ihr, dass die Avocado zur Familie der Lorbeergewächse zählt und auch als Butterfrucht bezeichnet wird? Ihre Ursprünge hat sie in Mexiko und ist längst aus vielen Haushalten kaum mehr wegzudenken. Aus meinem jedenfalls nicht …

ZUBEREITUNGSZEIT
15 Min. Grillzeit 3 Min.

ZUBEREITUNG
1 | Avocados halbieren, Kern entfernen und das Fruchtfleisch vorsichtig mit einem Esslöffel aus der Schale lösen. Mit Zitronensaft beträufeln und mit Salz und Pfeffer verfeinern. Tomaten und Radieschen waschen und in kleine Stücke schneiden.

2 | Für das Dressing Worcestersauce, Olivenöl, Zitronensaft, Honig, Senf, Salz, Pfeffer und eine Prise Chili gut miteinander vermengen. Mit den Tomaten und Radieschen vermischen.

3 | Avocados für ca. 3 Minuten beidseitig grillen und mit dem Salat garnieren. Noch warm genießen.

Rote-Rüben-Ravioli mit Jakobsmuscheln

ZUTATEN
FÜR 4 PERSONEN (16 Stück)

TEIG
170 g Hartweizengrieß oder Universalmehl + etwas mehr für die Arbeitsfläche
90 g Rote Rüben, gekocht und geschält
1 Ei (Größe M)

FÜLLUNG
5 Jakobsmuscheln
½ Frühlingszwiebel
3 Scheiben Parmaschinken
5 Basilikumblätter
Prise Salz
Prise Pfeffer
1 TL Butter

Butter
Kresse

Roter Nudelteig: Der absolute Knaller!

Ich liebe Rote Rüben. Sie sind gesund und schmecken toll. Was mich an der hübschen Knolle, übrigens ein „Fuchsschwanzgewächs", besonders fasziniert, ist die intensive Farbe, mit der man so einiges anstellen kann. Wie zum Beispiel in diesem Rezept: Wir machen einen Nudelteig auf Rote-Rüben-Basis. Und man kann mit den Rüben, die oft Ro(h)nen oder Bete genannt werden, auf natürlichem Wege auch andere Speisen einfärben und spart sich somit künstliche Lebensmittelfarben.

ZUBEREITUNGSZEIT
20 Min. 5 Min.

ZUBEREITUNG
1 | Rote Rüben in Stücke schneiden und gemeinsam mit dem Ei cremig pürieren. Mit dem Hartweizengrieß vermengen und zu einem glatten, seidigen Teig kneten. In Frischhaltefolie wickeln und ca. 1 Stunde kühl stellen.

2 | Für die Füllung Jakobsmuscheln, Frühlingszwiebel, Parmaschinken und Basilikumblätter fein schneiden. Mit Salz und Pfeffer in Butter anrösten.

3 | Die Arbeitsfläche mit Mehl bestäuben und den Teig dünn ausrollen. Auf der einen Hälfte füllen, etwas Abstand dazwischen lassen. Die zweite Hälfte darüberklappen und ausstechen.

4 | Ca. 5 Minuten im gesalzenen Wasser sanft kochen. Die Ravioli sind fertig, sobald sie obenauf schwimmen.

5 | Butter, je nach Belieben, schmelzen, und die angerichteten Ravioli damit beträufeln. Mit Kresse verfeinern.

Tipp
Die Füllung kann mit etwas Ricotta verfeinert und somit noch cremiger gemacht werden.

Gegrillte Spareribs mit Baked Beans

ZUTATEN
FÜR 4 PERSONEN

150 g gewürfelter Speck
1 mittelgroße Zwiebel
400 g Kidneybohnen – abgetropft
1 kleine Flasche Hot Ketchup
5 Spritzer Worcestersauce
1 EL Senf

1 kg Spareribs
3 EL Ketchup
2 EL Senf
Prise Chili
2 Knoblauchzehen – gepresst
Salz, Pfeffer
½ EL Honig
guter Schuss Sonnenblumenöl/Rapsöl
1 Zweig Rosmarin
1 Zweig Thymian

Ein Grillfest ohne Baked Beans ist in unserer Familie kaum vorstellbar. Meine Mama hat dieses Rezept von ihren Reisen nach Louisiana mit nach Hause gebracht und wir alle sind bis heute davon begeistert.

ZUBEREITUNGSZEIT
10 Min. 90 Min.

ZUBEREITUNG
1 | Speck in einem Topf knusprig anbraten. Zwiebel fein schneiden und kurz mitbraten. Bohnen waschen und beigeben. Ketchup, Worcestersauce und Senf zugeben und gut umrühren. Für ca. 1,5 Stunden bei kleiner Hitze köcheln lassen. Immer wieder umrühren.

2 | Für die Spareribs alle genannten Zutaten, bis auf die Kräuter, gut miteinander vermengen und die Ribs damit einreiben. Mindestens 1–2 Stunden marinieren.
Die frischen Kräuter auf die Ribs geben. Bei mäßiger Hitze so lange grillen, bis diese goldbraun und knusprig sind.

Tipp

Unter den unzähligen Möglichkeiten beim Grillen von Fleisch mag ich übrigens besonders – Wild!
Wenn die Qualität stimmt, genügt ein Hauch Salz.

Zu den Baked Beans passt auch Wild ganz hervorragend!

Marillen-Pavlova mit Lavendel

Down Under lässt grüßen!

ZUTATEN
FÜR 6 PERSONEN
(1 Stück mit ca. 22 cm Ø)

200 g Eiklar
200 g Kristallzucker
200 g Staubzucker, gesiebt
Prise Salz

TOPPING
250 ml Schlagobers
8 reife Marillen
½ Handvoll Zitronenmelisse und/oder Minze
½ Handvoll Lavendelblüten

Ob nun Australien oder Neuseeland die Heimat dieses köstlichen Wunderwerks ist, bleibt umstritten. Baiser, außen knackig und innen weich, so sollte es sein bei der Pavlova – aber der Weg dorthin führte mich durch nächtelange Versuchsreihen mitsamt heiß gelaufenem Backofen und ebensolchem Geschirrspüler. Traditionellerweise wird die Pavlova mit Passionsfrucht getoppt. Aber auch andere saisonale Früchtchen machen sich gut darauf!

ZUBEREITUNGSZEIT
20 Min. 80 Min. 20 Min.

ZUBEREITUNG
1 | Backofen auf 100° C vorheizen.

2 | Wasser in einem größeren Topf erhitzen. Eiklar, Kristallzucker, Staubzucker und Salz in einer großen Schüssel mit dem Handrührgerät gut vermengen und danach über Wasserbad so lange verrühren, bis sich der Zucker vollständig aufgelöst hat.

3 | Anschließend in einer Küchenmaschine so lange schlagen, bis eine steife Eiweißmasse entsteht und diese ausgekühlt ist.

Dazu den Boden einer Backform verwenden!

4 | Auf einem Backpapier mithilfe einer runden Form einen Kreis (Ø ca. 22 cm) zeichnen. Die Eiweißmasse mit einer Teigkarte oder einem Teigspatel gleichmäßig auf dem Kreis verteilen. In die Mitte der Masse eine kleine Vertiefung machen.

5 | Ca. 80 Minuten im Backofen trocknen und anschließend bei geöffneter Backofentür auskühlen lassen.

6 | Schlagobers cremig schlagen, auf die Pavlova streichen und mit Marillen, Zitronenmelisse und Lavendel dekorieren.

Eine herrliche Nachspeise für jede Jahreszeit!

Tipp

Im Winter mit Chaisirup, Nüssen, Orangenspalten und Granatapfelkernen verfeinern.

Sorbetto al limone

Kein Sommer ohne Sorbetto!

ZUTATEN
FÜR 4 PERSONEN

350 ml Wasser
130 g feiner Kristallzucker
2 Zitronen
1 Limette
1 Vanilleschote
1 Eiklar
Prise Salz
10–15 cl Wodka
16 cl flüssiges Schlagobers
4 Blatt Minze

Schale + Saft

Das Rezept funktioniert auch ohne Alkohol. Wodka einfach weglassen.

Ihr liebt Zitronen? Und Eis? Mit einem Hauch von Wodka? Dann ist hier das richtige Rezept für euch. Ich könnte mir einen Sommer ohne Sorbetto nicht vorstellen. Auf unseren Reisen in das wunderschöne Italien gab es kaum einen Tag ohne dieses superleichte Dessert. Und das Beste daran: Es ist total einfach in der Zubereitung.

ZUBEREITUNGSZEIT
25 Min. mindestens 2 Stunden

ZUBEREITUNG

1 | In einem mittelgroßen Topf Wasser und Zucker gemeinsam aufkochen, bis sich dieser vollständig aufgelöst hat. Die Zitronen sowie die Limette mit heißem Wasser gut waschen, trocknen und die Schale abreiben oder mit einem Zestenreißer vollständig von der Frucht abziehen. Abrieb oder Zesten gemeinsam mit dem ausgekratzten Mark sowie der Vanilleschote dem Wasser-Zucker-Gemisch beigeben. Auskühlen lassen und mit frisch gepresstem Zitronen- sowie Limettensaft verfeinern. Alles durch ein feines Sieb seihen.

2 | Eiklar mit einer Prise Salz steif schlagen und vorsichtig unter die Masse heben. In einen Behälter füllen und für einige Stunden gefrieren lassen. Alle 30 Minuten mit einer Gabel oder einem Löffel durchrühren, so bleibt das Sorbet cremiger. Zitronensorbet aus dem Tiefkühler nehmen und in ein höheres Gefäß geben. Wodka dazugeben und mit dem Mixer glatt rühren. Schlagobers beimengen und nochmals gut durchmischen.

3 | In Proseccogläser füllen, mit Minze dekorieren und genießen.

Tipp

Das Sorbet kann auch in einer Eismaschine zubereitet werden. Anstatt Wodka kann auch Prosecco hinzugefügt werden. Dann Schlagobers weglassen und eine Kugel Sorbetto im Glas mit Prosecco übergießen.

Heut' koche ich!

MÄNNERABEND

Dass Männer kochfaul sind, ist längst Schnee von gestern. Und abgesehen davon: Weltweit werden die meisten Top-Restaurants von Männern „bekocht". Fest steht, immer mehr meiner – männlichen – Freunde wagen sich an den Herd und kreieren Grandioses. Selbst zu kochen ist kreativ, interessant, lehrreich, es macht unheimlich viel Spaß und sorgt noch dazu für bewusste Ernährung!

Aperitif
Biercocktail mit Ginger Ale
Seite 156

Ran an den Herd!

Kohlsuppe mit Belugalinsen und Speck

ZUTATEN
FÜR 4 PERSONEN

3 EL Butterschmalz
2 kleine Zwiebeln
3 Knoblauchzehen
400 g Wirsingkohl
800 ml Gemüsebrühe

120 ml Schlagobers
½ TL Bockshornklee-samen ← gemahlen
Salz, Pfeffer

50 g Belugalinsen
ca. 150 g Wasser
1 EL Butter
1 kleine Zwiebel, feinwürfelig
2 EL Speck, gewürfelt
Prise Salz, Pfeffer

4 hauchdünne Scheiben Schwarzbrot
Schuss Olivenöl

Kochanleitung auf der Packung beachten.

Eine kräftige Vorspeise für kräftige Männer. Die Kombination aus Suppe mit knackig getoastetem Schwarzbrot und eleganten (!) Specklinsen macht dieses Gericht spannend.

ZUBEREITUNGSZEIT
20 Min. 1 Stunde

ZUBEREITUNG

1 | Butterschmalz in einem Topf erhitzen. Zwiebel und Knoblauch klein schneiden und darin anschwitzen. Kohl gut waschen, klein schneiden und dazugeben. Mit der Brühe aufgießen und 20–25 Minuten köcheln lassen.

2 | Die Belugalinsen laut Packungsangabe kochen. Butter in einer Pfanne zerlassen, Zwiebel und Speck darin anschwitzen. Linsen dazugeben und mit Salz und Pfeffer abschmecken. Kurz mitbraten.

3 | Kohlsuppe pürieren und mit Schlagobers, Bockshornklee-samen, Salz und Pfeffer verfeinern. In Schüsseln anrichten, pro Portion das getoastete Schwarzbrot mit 1 EL Linsen-Speck-Mischung auf dem Schüsselrand anrichten.

Glaciertes Lamm mit Knoblauch & cremiger Kräuterpolenta

ZUTATEN
FÜR 4 PERSONEN

FLEISCH
30 g brauner Zucker
1 EL Olivenöl ← + etwas mehr für die Pfanne
80 ml Malzessig
gute Prise Salz
8 Körner Tasmanischer Pfeffer, gemörsert
1 kg Lammkoteletts
200 ml Brühe ← Gemüse- oder Fleischbrühe
2 Zwiebeln
8 Frühlingszwiebeln
12 Knoblauchzehen
2 Zweige Rosmarin
3 Zweige Thymian
2 EL Honig

KRÄUTERPOLENTA
440 ml Milch
100 g Instant-Polentagrieß
gute Prise Salz
1–2 Handvoll frische Kräuter ← Salbei, Petersilie, Rosmarin
2 EL Sauerrahm

Die Polenta sollte schön cremig sein. Eventuell etwas Milch unterrühren.

Ein zartes Stück vom Lamm lässt das Herz von Fleischliebhabern höher schlagen. Und auf jeden Fall das meines Freundes. Die Zubereitung ist innovativ und nicht alltäglich, gute Fleischqualität jedoch ein Muss.

ZUBEREITUNGSZEIT
20 Min. 30 Min. 1 Stunde

ZUBEREITUNG

1 | Zucker, Olivenöl, Malzessig, Salz und Pfeffer in einem Gefäß so lange vermischen, bis sich der Zucker mehr oder weniger aufgelöst hat. Gewaschene und trocken getupfte Lammkoteletts in einen Tiefkühlbeutel geben und die Marinade dazugeben. Ca. 30 Minuten marinieren. Backofen auf 180° C vorheizen.

2 | In einer Pfanne Olivenöl erhitzen und die Lammkoteletts darin auf beiden Seiten scharf anbraten. Aus der Pfanne nehmen und beiseitegeben. In derselben Pfanne Brühe kurz aufkochen. Koteletts mit der Brühe, der grobwürfelig geschnittenen Zwiebel, den geputzten, ansonsten im Ganzen belassenen Frühlingszwiebeln und ungeschälten Knoblauchzehen in eine Auflaufform geben. Mit Honig beträufeln und frische Kräuter beigeben.
Ca. 60–90 Minuten (je nach Fleischstärke) im vorgeheizten Backofen auf unterer Schiene braten. Das Fleisch soll butterweich werden.

3 | Für die Cremepolenta Milch erhitzen, Polentagrieß, Prise Salz und gehackte Kräuter beimengen. So lange rühren, bis eine cremige Masse entsteht. Vom Herd nehmen und Sauerrahm unterrühren.

4 | Gemeinsam mit den Koteletts anrichten.

Mississippi Mud Pie reloaded

ZUTATEN
FÜR 4 PERSONEN

NUSSBODEN
200 g gemischte Nüsse
80 g Butter, flüssig
3 EL Kristallzucker

Mandeln, Walnüsse, Pistazien etc.

FRISCHKÄSECREME
400 g Dopppelrahmfrischkäse (z. B. Philadelphia Cream Cheese)
2 EL Staubzucker
½ TL Vanille, gemahlen
6 TL Schlagobers

PUDDING
500 ml Milch
3 EL Zucker
1 Pkg. (48 g) Schokopudding zartherb

125 ml Schlagobers

Anstatt der Nüsse können auch zerbröselte, mit flüssiger Butter vermengte Kekse verwendet werden.

Schon der Name verrät, woher er stammt, und sein Aussehen soll an das Erdreich am Ufer des Mississippi erinnern. Kreiert worden ist er nach dem Zweiten Weltkrieg, als Nahrungsmittel rar waren und die benötigten Zutaten billig. Bei dieser schnellen Variante sind praktischerweise keine speziellen Backkünste und technischen Hilfsmittel notwendig ...

ZUBEREITUNGSZEIT
20 Min. 1–2 Stunden

ZUBEREITUNG
1 | Für den Nussboden Nüsse zerkleinern und mit flüssiger Butter und Zucker vermengen. Auskühlen lassen.
In vier Gläser füllen.

2 | Für die Frischkäsecreme alle genannten Zutaten vermengen und auf die Nussschicht streichen.

Wer es süßer mag, kann die Zuckermenge erhöhen.

3 | Pudding laut Packungsangabe zubereiten und, etwas ausgekühlt, als dritte Schicht in das Glas füllen.

4 | Schlagobers cremig schlagen und daraufgeben. Mit gehackten Pistazien garnieren.

Tipp
Wird die Nachspeise nicht gleich serviert, erst vor dem Servieren frisch mit dem Schlagobers toppen.

HERBSTTAGE

Wenn ein allererstes trockenes Blatt vom Baum fällt oder ein knallgrün-brauner Kastanienigel plötzlich vor einem auf den Weg plumpst, dann wissen wir – es dauert nicht mehr lange, bis wir die warmen Strickpullis aus dem Kasten holen können. Ich persönlich liebe es, im Wald im Laub spazieren zu gehen, am Markt das herbstbunte Angebot zu bewundern und mit den Produkten dieser Jahreszeit zu kochen.

Happy Halloween!
Mitbringsel
Schneewittchens kandierte Äpfel
Seite 157

Herbstlicher Kürbis-Pie

ZUTATEN

FÜR 4–6 PERSONEN

TEIG

200 g Butter, kalt
300 g glattes Mehl
1–2 EL Olivenöl
Prise Salz
1 Eidotter
8 Salbeiblätter ← fein gehackt

FÜLLUNG

300 g Kürbisfleisch ← z. B. Butternuss
2 EL Butter
1 mittelgroße Zwiebel
100 g Lauch
1 Ei ← + ein Ei zum Bestreichen
40 g Parmesan, gerieben
250 ml Sauerrahm
½ TL Majoran
½ TL Thymian
Salz, Pfeffer

Tipp Kürbispüree

Kürbisstücke in leicht gesalzenem Wasser weich kochen, mit einem Handmixer zu einem Püree mixen, etwas Muskatnuss, Salz und Schlagobers beigeben.
Auch eine fantastische Beilage für herbstliche Gerichte!

Sobald die Kürbiszeit beginnt, bin ich ganz aus dem Häuschen. Kürbis zählt definitiv zu meinen Lieblingsgemüsesorten. Er lässt sich wunderbar zu den fantasiereichsten Speisen, ob modern oder klassisch, süß oder pikant, verarbeiten. Übrigens kann man diesen Pie auch mit Kürbispüree füllen.

ZUBEREITUNGSZEIT

30 Min. 1 Stunde 40 Min.

ZUBEREITUNG

1 | Für den Teig Butter in Würfel schneiden und mit den restlichen Zutaten zügig verkneten. Zu einer Kugel formen, flach drücken, in Frischhaltefolie wickeln und ca. 1 Stunde kalt stellen.

2 | In der Zwischenzeit Kürbis schälen und in grobe Würfel schneiden. Butter in einer Pfanne erhitzen und darin kleinwürfelig geschnittene Zwiebel und in Ringe geschnittenen Lauch anschwitzen. Kürbiswürfel kurz mitbraten, kurz abkühlen lassen und mit den restlichen Zutaten gut vermengen. Mit Salz und Pfeffer abschmecken.

3 | Backofen auf 180° C vorheizen.

4 | Den Teig in zwei Teilen auf einer mit Mehl bestäubten Arbeitsfläche ausrollen. Den ersten Teil in die Form legen, mit einer Gabel einstechen, die Ränder etwas hochziehen und mit der Kürbismasse füllen.
Aus dem zweiten Teil (mit einem scharfen Messer) Blätter schneiden oder mit einer passenden Form ausstechen und diese auf der Oberfläche, je nach Belieben, verteilen.

5 | Mit einem verquirlten Ei bestreichen und 40 Minuten im vorgeheizten Backofen backen.

Dazu passt Rotkraut.
Ente
Briocheknödel

Ente à l'Orange mit Minze und Briocheknödeln

ZUTATEN
FÜR 4 PERSONEN

2 kg junge Ente
Salz, grober Pfeffer
1 Orange
2 große Zweige Minze (oder Zitronenmelisse)
3 große Zweige Thymian
Küchenspagat

BRIOCHEKNÖDEL
500 g Brioche ← z. B. Zopf
250 g Sauerrahm
4 Eier
½ TL Salz
Prise Muskatnuss

SAUCE
3 große Orangen ← ca. 200 ml Saft
70 g brauner Zucker
80 ml Essig
300 ml Geflügelbrühe
1½ EL Orangenmarmelade
3 cl Grand Marnier
60 g Butter

Siehe Mitbringsel auf Seite 155.

Tipp
Man kann aus der Briochemasse eine große oder auch zwei kleinere Rollen formen.

Herbstzeit bedeutet für mich auch Geflügelzeit. Gänse und Enten haben auf meiner persönlichen Speisekarte Hochsaison, vor allem dann, wenn ich weiß, woher sie kommen. Und Bioqualität garantiert artgerechte Haltung.

ZUBEREITUNGSZEIT
30 Min. 160 Min.

ZUBEREITUNG
1 | Backofen auf 180° C vorheizen. ENTE waschen, trocken tupfen, mit Salz und grobem Pfeffer großzügig innen und außen einreiben. Orange waschen, in Scheiben schneiden und die Ente damit sowie mit Zitronenmelisse und Thymian füllen. Beine und Flügel mit Spagat zusammenbinden.
Die Ente (Bauchseite oben) auf einem Rost über Wasserbad 1 Stunde im vorgeheizten Backofen braten, dann wenden und für 40 Minuten weiterbraten. Wieder wenden und für weitere 40 Minuten braten. Wasserbad entfernen und Ente für weitere 15–20 Minuten bei 220° C knusprig braten.

2 | Für die KNÖDEL Brioche in mittelgroße Würfel schneiden. Sauerrahm, Eier, Salz und Muskatnuss verrühren und in einer Schüssel mit der Masse übergießen. Mit einem Teigspatel vermengen (nicht kneten) und 20 Minuten rasten lassen. Frischhaltefolie ausbreiten, Masse auftragen, zu einer Rolle formen. Frischhaltefolie rundum gleichmäßig verschließen, in Alufolie einrollen und wieder gut verschließen. Im köchelnden Wasser 20 Minuten (bei ca. 8 cm Ø) zugedeckt garen.

3 | Für die SAUCE Orangen auspressen. Zucker in einem Topf bei geringer bis mittlerer Hitze schmelzen. Orangensaft und Essig langsam beimengen. Bei höherer Hitze weiterkochen. Die Brühe unterrühren und 10 Minuten weiterköcheln. Marmelade unterrühren. Mit Salz und Pfeffer abschmecken und mit Grand Marnier verfeinern. Kurz vor dem Servieren Butterflocken unterrühren.

4 | Die Ente aus dem Backrohr nehmen und tranchieren. Zurück aufs Blech geben, noch einmal kurz erwärmen oder bei Bedarf knusprig braten. Mit Briocheknödel und etwas Sauce servieren.

Bunte Cake Pops

ZUTATEN
FÜR 12 STÜCK

100 g Biskuitboden oder Sandkuchen
50 g Doppelrahmfrischkäse (z. B. Philadelphia Cream Cheese)
1 Becher (200 g) weiße Kuchenglasur
Lebensmittelfarben
12 Holzspieße
Glas mit Zucker

Siehe Rezept Seite 77.

Die angegebene Menge der Kuchenglasur reicht für die doppelte Kuchenmasse. Rest kühl stellen und beim nächsten Mal verwenden.

Ihr Blog „Bakerella" hat Angie Dudley und ihrer Erfindung zu einem Siegeszug verholfen – sie soll die Erste gewesen sein, die in ihrer Londoner Backstube die mittlerweile weltberühmten Kuchenlutscher erstmals gebacken hat. Cake Pops sind einfach in der Zubereitung und leben von ihrer Verzierung, dabei kann man sich so richtig austoben ...

ZUBEREITUNGSZEIT
15 Min. 10 Min.

ZUBEREITUNG

1 | Biskuitboden sehr fein zerbröseln und gemeinsam mit dem Frischkäse zu einem Teig verkneten. Zu 12 gleichmäßig großen Kugeln formen, auf Alufolie legen und für 10 Minuten in den Tiefkühlschrank legen.

2 | In der Zwischenzeit die Glasur erwärmen und auf drei Becher aufteilen. Mit den gewünschten Farben einfärben.

3 | Kuchenkugeln auf Holzspieße stecken und in der Glasur gleichmäßig drehen. Wenn man die Lollis aus der Glasur hebt, gleichzeitig etwas weiterdrehen, damit sich die Glasur gleichmäßig verteilt. In ein mit Zucker gefülltes Glas stecken, sodass die Lollis gut trocknen können.

Tipp

Will man verzieren, muss man schnell sein, denn die Glasur trocknet sehr schnell!

Karotten-Walnuss-Kuchen mit Orangencurd und Schlagobershaube

ZUTATEN

FÜR 1 RUNDE BACKFORM
mit 24 cm Ø

350 g Karotten
½ Limette ← Saft
½ Orange ← Schale
7 Eier, getrennt
1 gehäufter TL Vanillezucker
200 g feiner Kristallzucker
120 ml Öl
Prise Salz
170 g Universalmehl
1 EL Backpulver
200 g geriebene Walnüsse

ORANGENCURD
150 ml frischer Orangensaft
40 g Zucker
½ Vanilleschote ← Mark
Prise Salz
1 EL Maisstärke
40 g Butter
2 Eidotter

400 ml Schlagobers

Ein saftig-flaumiger Kuchen bestehend aus Karotten und Walnüssen. Mit einem Hauch von Orange und etwas Obers. Was für eine Kombination! Ich muss zugeben, dieser Kuchen war ein kleines Experiment, das nun aber definitiv auf meinem Gäste-Verwöhnprogramm ganz oben steht.

ZUBEREITUNGSZEIT
25 Min. 45–50 Min.

ZUBEREITUNG

1 | Backofen auf 180° C vorheizen.

2 | Karotten schälen und fein raspeln. Mit Limettensaft beträufeln, mit abgeriebener Orangenschale verfeinern, alles gut durchmischen.
Eidotter gemeinsam mit Vanillezucker und 100 g Zucker schaumig rühren. Öl nach und nach beigeben und so lange rühren, bis eine cremige Masse entsteht. Eiklar gemeinsam mit einer Prise Salz und dem restlichen Zucker steif schlagen. Gesiebtes Mehl und Backpulver mit den Walnüssen vermengen. Eidottermasse vorsichtig unterrühren. Ein Drittel der Eiklarmasse einrühren, den Rest unterheben.

3 | Backform mit Backpapier auskleiden und mit der Masse befüllen. Ca. 45 Minuten auf unterer Schiene backen. Mit einem Holzstäbchen testen, ob der Kuchen fertig gebacken ist.

4 | In der Zwischenzeit die CURD vorbereiten. Dazu Orangensaft, Zucker, Vanillemark, Salz und Maisstärke erhitzen. Die Butter in Stücke schneiden und nach und nach beimengen. Vom Herd nehmen und Eidotter gut unterrühren. Kühl stellen.

5 | Kuchen auskühlen lassen und stürzen. Schlagobers steif schlagen. 6 EL davon mit Orangencurd vermengen und den Kuchen damit bestreichen. Mit dem übrigen Schlagobers toppen.

KUSCHELWETTER

Auch wenn die warme Jahreszeit unbeschreiblich schön ist, mag ich es, wenn es irgendwann wieder kühler und schon früher dunkel wird, womöglich der Regen an die Fensterscheiben prasselt oder der Schnee ganz unschuldig auf die Erde rieselt – denn dann ist es höchste Zeit für Kuschelabende zu Hause. Allein oder auch einmal mit Freundinnen, bei spannenden Filmen oder gemütlichen Spielen, das kann schon was. Noch dazu, wenn es etwas Gutes gibt: Herbei mit dem Wohltuessen!

Film- und Spieleabend ...
Mitbringsel
Schoko

Cremige Kartoffel-Lauch-Suppe

Seite 138

Flammkuchen mit karamellisierten Birnen, Blattspinat und Ziegenfrischkäse

Seite 141

Dukatenbuchteln mit Vanillesauce

Seite 142

Selbst gemachte heiße Schokolade

Seite 157

Cremige Kartoffel-Lauch-Suppe

ZUTATEN
FÜR 2 PERSONEN

1 kleine Zwiebel
1 Knoblauchzehe
160 g Lauch ← + etwas mehr für die Deko
2 EL Butter
500 g mehlige Kartoffeln
2 Lorbeerblätter
½ TL Kümmel
½ TL Kerbel
½ TL Luststock
¾ l Gemüsebrühe
½ Becher Sauerrahm
Salz
Pfeffer

DEKO
2–4 Champignons
frische Kresse
Lauchringe

Der Regen prasselt rhythmisch auf das Dach. Es ist kalt und nass. Und genau an solchen Tagen liebe ich es, mich in meine Decke zu kuscheln und mich mit dieser Suppe zu wärmen.

ZUBEREITUNGSZEIT
40 Min.

ZUBEREITUNG
1 | Zwiebel und Knoblauch fein hacken. Lauch putzen und alles (Weiß und Grün) in dünne Scheiben schneiden. Alles in Butter anschwitzen. Kartoffeln schälen und in Würfel schneiden. Gemeinsam mit den Gewürzen beimengen und mit der Gemüsebrühe aufgießen.
Ca. 25 Minuten zugedeckt köcheln lassen. Die Kartoffeln mit einem Stampfer zerkleinern, den Sauerrahm hinzufügen, gut umrühren und mit Pfeffer und Salz abschmecken.

2 | Mit Lauchringen und in dünne Scheiben geschnittenen Champignons dekorieren.

Tipp
Die Suppe kann auch püriert werden. Wer will, kann die Champignons etwas salzen und kurz in Butter anbraten.

Flammkuchen mit karamellisierten Birnen, Blattspinat und Ziegenfrischkäse

ZUTATEN

FÜR 4 PERSONEN (1 Flammkuchen)

TEIGBODEN ← für 3 Böden

375 g Universalmehl
6 g Trockengerm
Prise Salz
75 ml Milch
75 ml Buttermilch
60 ml Wasser
2 EL Olivenöl

CREME ← für 1 Flammkuchen

80 g Crème fraîche
40 g Mascarpone
70 g Joghurt
50 g Sauerrahm
Prise Salz, Prise Pfeffer

BELAG (für 1 Flammkuchen)

1 härtere Birne
½ Zitrone ← Saft
1 TL Butter
1 EL Honig
2 Frühlingszwiebeln
30 g Blattspinat
6 Scheiben Speck
35 g Ziegenfrischkäse
Prise Salz, Prise Pfeffer
Schuss Olivenöl

Tipp

Teig reicht für 3 Flammkuchen. Übrigen Teig in Frischhaltefolie verpacken und tiefkühlen.

Gibt es Flammkuchen als einzelnes Gericht, dann die Menge von Creme und Belag verdreifachen.

Wusstet ihr, dass der berühmte Flammkuchen ursprünglich im Elsass beheimatet war? Traditionell isst man ihn mit Speck, Zwiebeln und Sauerrahm. Speziell mit Freunden sind Flammkuchen der absolute Hit. Der Teig lässt sich einfach und schnell vorbereiten und jeder kann ihn mit seinen Lieblingszutaten selbst verfeinern. Eine süße Variante findet ihr übrigens auf meinem Blog.

ZUBEREITUNGSZEIT

15 Min. Teig + 15 Min. Belag · 2 Stunden · ca. 25 Min.

ZUBEREITUNG

1 | Mehl, Germ und Salz gut vermischen. Milch, Buttermilch, Wasser und Olivenöl in einem Topf vermengen und leicht erwärmen. Dem Mehl beimengen und so lange – per Hand oder mit der Küchenmaschine – kneten, bis ein seidiger Teig entsteht. Sollte der Teig zu feucht sein, noch etwas Mehl hinzufügen. Sollte er zu trocken sein, noch etwas Milch dazugeben.
Zu einer Kugel formen und ca. 2 Stunden an einem warmen Ort, mit einem Geschirrtuch bedeckt, gehen lassen.

2 | Für den BELAG die Birne waschen, vom Kerngehäuse befreien und in 1 cm dicke Scheiben schneiden. Mit Zitronensaft beträufeln. In einer Pfanne Butter und Honig erhitzen und Birnenstücke kurz darin karamellisieren. In einer zweiten Pfanne Speck knusprig braten. Frühlingszwiebeln waschen, in Ringe schneiden. Blattspinat waschen und in einem Geschirrtuch kurz trocken schleudern.

3 | Für die CREME alle Zutaten miteinander vermengen. Wer mag, kann auch frische klein gehackte Kräuter hinzugeben.

4 | Backofen auf 180° C vorheizen.

5 | Den Teig nochmals kurz kneten und zu 3 gleich großen Kugeln formen. Diese schließlich quadratisch oder rechteckig auf einem Backpapier ausrollen. Die vorbereitete Creme gleichmäßig, bis in die Ecken, auf dem Teig verstreichen.

6 | Frühlingszwiebeln und Blattspinat gleichmäßig auf dem Teig verteilen, danach die karamellisierten Birnen, den Speck sowie den Ziegenfrischkäse löffelweise auf den Teig geben. Mit Salz und Pfeffer würzen und mit Olivenöl beträufeln. Ca. 25 Minuten backen, bis die Ränder knusprig und braun werden.

Dukatenbuchteln mit Vanillesauce

ZUTATEN
FÜR 6 PERSONEN

TEIG
12 g Trockengerm
70 g brauner Zucker
600 g glattes Mehl
250 ml Milch, lauwarm
120 g flüssige Butter, warm
5 Eidotter
2 cl Rum
1 Prise Salz
½ TL Vanille, gemahlen

zum Bestreichen
110 g flüssige Butter, warm
120 g Marillenmarmelade

etwas Staubzucker zum Bestreuen

VANILLESAUCE
½ l Milch
2 Vanilleschoten
6 Eigelb
120 g brauner Zucker

Tipp
Wenn etwas übrig bleibt, schmeckt's auch kalt gut.

Buchteln oder Wuchteln, das ist hier die Frage. Im Raum Wien werden sie als Buchteln bezeichnet, im Westen Österreichs hingegen als Wuchteln. Die Oberösterreicher bezeichnen die Speise als Rohrnudeln. Fest steht, dass es sich bei den gefüllten Germteignudeln um eine ursprünglich böhmische Spezialität handelt. Sie werden als Nachspeise, aber auch als Hauptgericht verzehrt. Ein flaumiges Geschmackserlebnis der Sonderklasse! Schon seit meine Oma mich als kleines Mädchen mit Buchteln verwöhnte, stehen sie auf meiner persönlichen Hitliste ganz oben.

ZUBEREITUNGSZEIT
30 Min. 2 Stunden 30 Min.

ZUBEREITUNG
1 | Für den Teig aus Germ, etwas Zucker, Mehl und einem Schuss lauwarmer Milch ein Dampfl zubereiten. Ca. 20 Minuten an einem warmen Ort gehen lassen.
Gemeinsam mit den restlichen Zutaten per Hand oder mit der Küchenmaschine zu einem glatten Teig kneten. Weitere 30 Minuten zugedeckt an einem warmen Ort gehen lassen.
Backofen auf 180° C vorheizen. Auf einer mit Mehl bestäubten Arbeitsfläche den Teig dünn ausrollen und mit einer runden Form (ca. 8 cm Ø) ausstechen. Die Mitte mit je 1 TL Marillenmarmelade füllen und die Stücke gut verschließen. Die einzelnen Buchteln dicht nebeneinander in eine ausgebutterte Form setzen. Nochmals 30 Minuten gehen lassen. Mit flüssiger Butter bestreichen und ca. 30 Minuten backen.

2 | Für die Sauce Milch aufkochen. Das Vanillemark auskratzen und mit den Schoten dazugeben und mitkochen. Eidotter und Zucker cremig rühren. Die warme (nicht mehr heiße!) Vanillemilch nach und nach beigeben. Ständig rühren. Vanilleschoten entfernen und die Sauce nochmals erhitzen, bis sie eine cremige Konsistenz hat.

3 | Die fertig gebackenen Buchteln aus der Form heben, mit Staubzucker bestreuen und portionsweise mit der Vanillesauce anrichten.

Dukatenbuchteln
Vanillesauce

WEIHNACHTEN

Schneeflocken zwirbeln in der Luft. Es riecht verführerisch süß nach Keksen, Zimt, Vanille und Orangen. Der Braten brutzelt im Rohr. Gedanken an Weihnachten, wie sie im Buch stehen ...
Auch wenn der Schnee manchmal auslässt, so bleibt dieses Fest doch ein ganz besonderes: Es bedeutet für mich, Zeit zu haben für meine Familie und Freunde. Jedes Jahr gehen wir alle gemeinsam eislaufen – auf einem zugefrorenen Teich im Wald. Ausgerüstet mit dampfendem Tee und schokoladigen Keksen. Die Kleinen werden auf Rodeln über den Teich gezogen, die anderen spielen Eishockey.
Am Abend dann läutet traditionell das Weihnachtsglöckchen. Der Baum ist geschmückt mit bunten Kugeln, Kerzen und Sternspritzern. Die Augen der Kinder beginnen zu leuchten. Gemeinsam singen wir besinnliche Lieder und genießen die Zeit. Das ist für mich Weihnachten!

Dekotipp

Weihnachts-engel

Anleitung Weihnachtsengel

DAZU BRAUCHT MAN:

1. *Nietstift (Zusammenhalt)*
2. *Perlkappe*
3. *Perle (Unterkörper)*
4. *Perlkappe (Röckchen)*
5. *Flügelperle*
6. *Perlkappe (Kragen)*
7. *Perle (Kopf)*
8. *Perlkappe (Krönchen)*
9. *Biegering*

Die Elemente der Reihe nach auf den Nietstift geben. Nietstift auf ca. 1 cm kürzen und zu einer Öse biegen. Biegering einhängen und nach Belieben mit Karabiner bzw. Band endfertigen.

Ein Fest mit Familie und Freunden

Kurkuma-Kokos-Suppe mit Garnelen

Seite 149

Wachteln „au vin" mit Kartoffelknödeln

Seite 150

Millefeuille mit Pistaziencreme

Seite 153

Kurkuma-Kokos-Suppe mit Garnelen

ZUTATEN
FÜR 4 PERSONEN

1 EL Butter
2–3 Schalotten
500 ml Gemüsebrühe
1 Dose Kokosmilch
3–4 TL Kurkuma
100 ml Schlagobers
Prise Chili, Salz, Pfeffer

12 Shrimps
etwas Olivenöl
4 Holzspieße

Kurkuma, auch als Gelbwurz, Safranwurzel oder Gelber Ingwer bekannt, zählt zur Familie der Ingwergewächse. Kultiviert wird die Pflanze hauptsächlich in Südasien. Bekannt ist sie nicht nur als hervorragendes Gewürz, sondern auch aufgrund der grellen gelb-orangen Farbe als Farbstoff.

ZUBEREITUNGSZEIT
15 Min.

ZUBEREITUNG
1 | Butter in einem Topf schmelzen. Fein geschnittene Schalotten darin anrösten. Mit Brühe ablöschen und mit Kokosmilch aufgießen. Kurkuma und Schlagobers beigeben und mit den Gewürzen abschmecken. In der Zwischenzeit Shrimps waschen, etwas salzen und in einer Pfanne, in Olivenöl, kurz anbraten, bis sie rot werden.

2 | Die Suppe in Gläser füllen, die Shrimps auf Spieße stecken und darauflegen.

Wachteln „au vin" mit Kartoffelknödeln

ZUTATEN
FÜR 4 PERSONEN

KARTOFFELKNÖDEL
½ kg mehlige Kartoffeln
1 Ei
2 EL Butter
3 EL Grieß
4 EL Mehl
gute Prise Salz und Muskatnuss
2 EL Butter

WACHTELN
8 Wachteln
Prise Salz und Pfeffer
2–3 EL Butterschmalz
4 Karotten
2–3 Zwiebeln
⅛ l Rotwein
200 ml Geflügelbrühe
5 Wacholderkörner
4 Zweige Thymian
2 Zweige Rosmarin

„Ein Braten von Wachteln, in Weinlaub und Speck eingehüllt, der all sein Bestes uns darbiethet, verdient eine Auszeichnung, die wenigstens darin bestehen sollte, daß man nur seine Freunde zu Tische bitten und diese Gottesgabe mit heiterm Gemüthe verzehren dürfte." (Franz G. Zenker, „europäische" Koch-Autorität zu Beginn des 19. Jahrhunderts.)

ZUBEREITUNGSZEIT
20 Min. 30 Min.

ZUBEREITUNG
1 | Für die KNÖDEL Kartoffeln kochen und anschließend schälen. Durch eine Kartoffelpresse drücken. 2 EL Butter in einem Topf schmelzen und mit den passierten Kartoffeln und den restlichen Zutaten rasch zu einem Teig kneten. Mit bemehlten Händen zu kleinen Bällchen formen.

2 | Backofen auf 200° C vorheizen. In einem Topf gesalzenes Wasser erhitzen.

3 | Karotten schälen und längs halbieren oder vierteln. Zwiebeln schälen und in grobe Stücke schneiden. Wachteln waschen, trocken tupfen und beidseitig würzen. In einer ofenfesten, ausreichend großen Kasserolle (die Wachteln sollten nebeneinander darin Platz haben) Butterschmalz erhitzen und die Wachteln darin beidseitig knusprig anbraten. Vorbereitetes Gemüse und die Gewürze dazugeben, mit Rotwein und Brühe aufgießen. Alles ca. 30 Minuten braten.

4 | Die Knödel ca. 20–30 Minuten (je nach Größe) im Salzwasser ziehen lassen. Aus dem Wasser heben, auf einem Sieb etwas abtrocknen lassen.
2 EL Butter in einer beschichteten Pfanne zerlassen und die Knödel darin goldbraun braten.

5 | Wachteln mit Kartoffelknödeln anrichten und mit etwas Sauce und Gemüse vollenden.

Millefeuille mit Pistaziencreme

ZUTATEN
FÜR 4 PERSONEN

1 Pkg. Filo-Teig
250 ml Schlagobers
200 g weiße Schokolade
80 g Pistazien, fein gehackt

+ etwas mehr für die Deko

Anstatt der Pistazien kann auch Marzipan verwendet werden.

Millefeuille, auch unter dem Namen „Napoleon" bekannt, ist ein Dessert aus der französischen Küche. Ursprünglich besteht es aus drei Schichten Blätterteig und wird mit Crème pâtissière oder Schlagobers und Marmelade gefüllt. Unsere Variante jedoch hat viele zarte Schichten, verfeinert mit einer geschmacksintensiven Pistaziencreme.

ZUBEREITUNGSZEIT
10 Min. 3 Stunden

ZUBEREITUNG
1 | Schlagobers erhitzen, kurz aufkochen lassen und klein gehackte Schokolade beigeben. Unter Umrühren schmelzen lassen. Pistazien beimengen, gut umrühren und auskühlen lassen. Für ca. 3 Stunden in den Kühlschrank stellen. Anschließend mit einem Handrührgerät aufschlagen, sodass eine Creme entsteht.

2 | Backofen auf 180° C vorheizen. Den Filo-Teig (zwei Blätter übereinander) in mittelgroße Quadrate schneiden. Auf ein Backblech legen und ca. 5 Minuten backen, bis diese eine goldbraune Farbe annehmen.

3 | Die Pistaziencreme in einen Spritzsack füllen und schichtweise kleine Tupfen auftragen. Pro Portion ca. 8 Schichten verwenden. Mit Pistazien verfeinern.

Tipp

Erst kurz vor dem Servieren füllen, ansonsten werden die Teigblätter zu „feucht".

Die
„Was-wäre-ich-
ohne-euch?“-
Torte.
Österreichs Beliebtestes
Fini's Feinstes
WEIZENMEHL
GLATT
Sag's fein mit Fini's.
Das Rezept & weitere Rezeptideen: finis-feinstes.at
facebook.com/finisfeinstes
instagram.com/finisfeinstes

Mitbringsel & Specials

Gebackene Grapefruit mit Zimt und Vanille

ZUTATEN
FÜR 2 PERSONEN

1 reife Grapefruit
1 TL brauner Zucker
Prise Zimt
Prise Vanille

ZUBEREITUNGSZEIT
5 Min. 5 Min.

ZUBEREITUNG
Backofen auf 300° C Ober- und Unterhitze oder Grill vorheizen. Grapefruit halbieren und mit Zucker, Zimt und Vanille bestreuen. Auf einem mit Backpapier belegten Backblech auf mittlerer Schiene für 5 Minuten backen. Etwas auskühlen lassen und noch warm genießen.

TIPP
Das Fruchtfleisch kann vorweg mit einem kleinen scharfen Messer von der Schale gelöst werden. Somit ist der Verzehr einfacher. Die Grapefruit kann auch mit Honig beträufelt werden.

Orangenmarmelade

ZUTATEN
FÜR 1,5 L MARMELADE
(8 Gläser à 200 ml)

1,5 kg Orangen filetiert
(netto, mit Schale ca. 4 kg)
0,5 kg Gelierzucker (3:1)
3 kleine Zimtstangen
9 Gewürznelken
1 Vanilleschote
Schuss Rum

ZUBEREITUNGSZEIT
45 Min.

ZUBEREITUNG
Zunächst drei Viertel der Früchte mit dem Gelierzucker pürieren. Die restlichen Orangenfilets in kleine Stücke schneiden und der Masse beimengen. Zimtstangen, Nelken und das Mark der Vanilleschote sowie die ausgekratzte Schote hinzugeben. Unter ständigem Rühren aufkochen lassen und ca. 8 Minuten kochen lassen. Zwischendurch umrühren. Auf einem kalten Teller eine Gelierprobe vornehmen. Gewürze entfernen (oder vorher in einen Teebeutel geben und diesen nun entfernen).
In sterilisierte Gläser etwas Rum geben, verschließen und gut durchschütteln. Dann die Marmelade noch heiß einfüllen.

TIPP
Wer will, kann auch Orangenzesten dazugeben. Die Marmelade hält sich ungeöffnet an einem kühlen Ort ca. 1 Jahr.

Bellini mit weißem Pfirsichmark

ZUTATEN
4 weiße Pfirsiche
200 ml Prosecco oder Champagner

ZUBEREITUNGSZEIT
10 Min.

ZUBEREITUNG
Pfirsiche kurz mit kochendem Wasser übergießen, leicht abkühlen lassen und schälen, anschließend entkernen und pürieren. Prosecco oder Champagner gemeinsam mit 2 Eiswürfeln (crushed) beigeben und nochmals kurz pürieren.
In hohe Gläser füllen und genießen.

Knackige selbst gemachte Essiggurken

ZUTATEN

FÜR 4 MITTELGROSSE GLÄSER
à ca. 350 ml (sterilisiert)

3 große feste Feldgurken
550 ml Einmachessig
1 TL Zucker

ZUBEREITUNGSZEIT

15 Min.

ZUBEREITUNG

Gurken schälen, längs halbieren, die Kerne auskratzen, nochmals längs halbieren. Die Gläser mit den Gurken befüllen (eng nebeneinander, sodass kaum Luft bleibt). Essig gemeinsam mit dem Zucker erhitzen, bis sich dieser aufgelöst hat, und die Gläser damit bis zum Rand auffüllen.
Gut zuschrauben und für mindestens 4 Tage durchziehen lassen.

TIPP

Schneidet euch zu Beginn ein Musterstück, so wisst ihr, wie lange die Gurkenstücke sein sollen, damit sie gut ins Glas passen.

Whiskeyzwiebeln im Glas

ZUTATEN

FÜR 1 GLAS à 200 ml

420 g Zwiebeln
100 g Butter
200 ml Malzessig oder Apfelessig
50 g brauner Zucker
120 ml Whiskey

ZUBEREITUNGSZEIT

10 Min. 60 Min.

ZUBEREITUNG

Zwiebeln in grobe Stücke schneiden. Butter in einem Topf erhitzen und Zwiebeln darin 25 Minuten bei geringer Hitze dünsten. Immer wieder umrühren. Malzessig und Zucker beimengen und weitere 20 Minuten köcheln lassen. Whiskey hinzugeben und nochmals 10 Minuten auf niedriger bis mittlerer Hitze mitköcheln, sodass die Masse eine „cremige“ Konsistenz erhält. Dabei mehrmals umrühren. In ein sterilisiertes Glas füllen, kühl stellen und bei der nächsten Grillparty mitnehmen.

TIPP

Passt wunderbar zu Fleisch.

Biercocktail mit Ginger Ale

ZUTATEN

FÜR 4 GLÄSER à 0,5 l

2 Limetten, geviertelt
4 Scheiben Orange
4 Zweige Zitronenmelisse
1 l Bier
800 ml Ginger Ale

ZUBEREITUNGSZEIT

5 Min.

ZUBEREITUNG

Limettenspalten, Orangenscheiben und Zitronenmelisse gleichmäßig auf die Gläser verteilen. Bier, gemischt mit Ginger Ale beimengen und genießen.

TIPP

Es kann natürlich weniger Ginger Ale verwendet werden.

Schneewittchens kandierte Äpfel

ZUTATEN
FÜR 6 PERSONEN

6 mittelgroße Äpfel
500 g Zucker
6 EL Wasser
1 EL gesiebter Zitronensaft
½–1 EL rote Lebensmittelfarbe

Holzspieße

ZUBEREITUNGSZEIT
15 Min. 20 Min.

Achtung!
Zuckerglasur ist sehr heiß!

ZUBEREITUNG
Äpfel waschen, trocknen, auf Spieße stecken und für ca. 20 Minuten ins Gefrierfach legen, damit die Glasur gut hält. Für die Glasur Zucker, Wasser und gesiebten Zitronensaft in einem Topf vermengen und bei starker Hitze aufkochen. Immer wieder umrühren. Ca. 4 EL dieser Masse in einem separaten Topf erhitzen, bis diese leicht bräunlich wird. Der anderen Masse beimengen und so lange rühren, bis sich der Zucker vollständig aufgelöst hat und die Masse klar ist. Lebensmittelfarbe hinzufügen und verrühren.
Ein größeres Gefäß mit Kristallzucker vorbereiten.
Äpfel in der Glasur „rollen“ oder übergießen, bis sich die Glasur gleichmäßig verteilt hat. Kurz antrocknen lassen und bei Bedarf nochmals glasieren. In den mit Zucker vorbereiteten Topf stecken. Etwas auskühlen lassen.

TIPP
Hübsch in Cellophan verpackt der absolute Halloweenknaller für Groß und Klein.

Selbst gemachte heiße Schokolade

ZUTATEN
200 g Milchschokolade
40 g brauner Zucker
½ TL Vanillepulver
30 g Maisstärke
30 g dunkles Kakaopulver
Milch

ZUBEREITUNGSZEIT
5 Min. 30 Min.

ZUBEREITUNG
Milchschokolade in grobe Stücke schneiden, in einem Tiefkühlbeutel für 30 Minuten in den Tiefkühler geben. Dann mit den restlichen Zutaten vermengen und in einem Zerkleinerer zu Pulver mahlen.
Pro Tasse, je nach gewünschter Intensität, ca. 1–2 EL Schokopulver mit Milch vermengen. Je nach Belieben mit Schlagobers, Marshmallows und Schokoraspeln verfeinern.
Den Rest des selbst gemachten Schokopulvers in einem verschließbaren Behälter aufbewahren.

Danke

Mein besonderer Dank gebührt bei diesem schönen Projekt meinem engsten Familien- und Freundeskreis, im Besonderen meiner Mama. Ich danke dir von ganzem Herzen für deine großartige Unterstützung. Wir haben gemeinsam in der Küche experimentiert, unter oft turbulenten Umständen Fotos geschossen, du hast mir den Reflektor in allen möglichen Positionen und Winkeln gehalten, sodass das Essen „gestrahlt" hat. Wir hatten unheimlich viel Spaß miteinander! Das Auto mit Geschirr und Essen vollgeräumt, um an unsere Lieblingsplätze in der Natur zu fahren und den ganzen Tag Bilder für dieses Kochbuch zu shooten. Gott sei Dank hatten wir, wenn wir beide die Nerven verloren, eine gute Flasche Wein parat ... Ich danke dir für deine Liebe, deine Geduld, deine Tipps und vor allem dafür, dass es dich gibt!
Ohne meine Mama, meinen Papa und meinen lieben Freund Dominik wäre das Projekt „Stories on a Plate" nie zustande gekommen. Ich hatte mir diesen Blog in den Kopf gesetzt und wollte ihn mit voller Professionalität umsetzen. Es gab keinen Tag, an dem ich meine Kamera nicht wenigstens ein Mal eingeschaltet habe. Ich absolvierte Kurse, kochte dasselbe Gericht oft mehrmals, fotografierte es ebenso oft, bis es in meinen Augen „perfekt" war.
Mein Dank gilt auch dem Team von Styria, das es ermöglicht hat, dieses Buch zu realisieren. Ebenfalls möchte ich mich bei meinen wundervollen Kooperationspartnern bedanken, die mir das Kochen und Fotografieren verschönert haben. DANKE!

Rezeptregister

Florentina Klampferer

1991 in Klagenfurt am Wörthersee geboren. Studium der Internationalen Entwicklung an der Universität Wien. Fotografie- und Foodstyling-Ausbildungen mit daraus resultierendem Blog „Stories on a Plate". Leiterin von Food-Photography- und Food-Styling-Workshops. Arbeitet für zahlreiche Magazine im deutschsprachigen Raum. Erstellt Rezeptvideos für renommierte österreichische und deutsche Firmen. Autorin des Kochbuchs „Mundvoll". Gewinnerin des „Madonna Food Blog Awards 2016".

Die Autorin dankt den Sponsoren für die Unterstützung beim Fotoshooting:

ISBN 978-3-85431-737-1

Bücher aus der Verlagsgruppe Styria
gibt es in jeder Buchhandlung und im Online-Shop

COVER- UND ALLE FOTOS INNENTEIL: Florentina Klampferer
LEKTORAT: Nicole Richter
UMSCHLAG- UND BUCHGESTALTUNG: Maria Schuster

DRUCK UND BINDUNG: Neografia
7 6 5 4 3 2 1
Printed in EU

... und esst
miteinander!